Charles Fillmore
查爾斯・菲爾莫爾

客觀存在的基督教╳聖靈法則╳審判和公正，
在靜謐中尋找啟示，查爾斯談生命的動力

與上帝對話

查爾斯・菲爾莫爾的
靈性之作

DYNAMICS FOR LIVING

對上帝思想的領域
孜孜不倦地探索，

為查爾斯・菲爾莫爾開啟了無窮無盡的驚奇之旅

「我現在與純潔的生靈同在，沐浴在生命、愛和智慧的聖靈裡。我證實你們的存在和力量以及福音，
在你們上帝的光輝照耀下，現在我已超越了不能永生的界限，而且依照祂完美的律法，
祂純潔的愛的本質定在我的生命中做見證。」

目錄

目錄

前言

　　研究他的著作三十餘年，我得出的結論是：查爾斯‧菲爾莫爾位居這五百年來最偉大的哲人之列。他對上帝思想的領域孜孜不倦地探索，為他開啟了無窮無盡的驚奇之旅。而對於所獲得的上帝的啟示，他都慷慨地、毫無保留地，與所有學習他的課程或者仔細琢磨他的作品之人一起分享。正是禱告，使他開始從人類的意識的角度，對精神的動力，進行求索。

　　我所認識的查爾斯‧菲爾莫爾是一位具有鑽石般溫潤性格的人。他那妙趣橫生的幽默、燦爛無比的笑容以及光芒四射的邏輯，足以使每一個房間的氣氛因他的到來而更加活躍。確切地說，和他在一起的每一個人，都會因為他那名副其實的謙遜、簡單質樸的需求和對真理全心全意的投入，而被深深地感染。

　　在禱告和信仰的帶領下，菲爾莫爾和他的妻子默特爾成為了宗教運動中積極熱情、不可或缺的力量。那些默特爾首先察覺、練習，並且用上帝具有治癒心靈作用的律法證明的東西，他都會堅持不懈地審視，直到完全、徹底地接受。然而，當他在感受聖靈的真實存在性的所有影響時，為聯合運動的逐漸形成，開啟了道路。

　　西元 1854 年 8 月 22 日下午 4 時左右，查爾斯‧菲爾莫爾

前言

降生在緊挨著明尼蘇達州聖客朗小社區的一個印度居民地的原木小屋裡。當然，那時的他，不會擁有那樣的思想，也不會想到，有許多人會因為他及其具有影響力的教導而改變。但是，這沉甸甸的歲月證明了，他那通用真理的意識已經奠定了基石，沿著這條蜿蜒的小徑，成千上萬人們的心靈正獲得成長的養分。

這本書的獨到之處在於，這個選輯提供的結構安排。此做法的目的是用一種特殊的方式，呈現和詮釋那些滲透在菲爾莫爾作品中的基本主旨，憑藉此來激發諸位擴展性的研究他所教授的東西。

這本書中所呈現的一系列內容，都是查爾斯·菲爾莫爾本人邏輯思維傾向性的結晶，其中，各式各樣的章節涵蓋了其特殊的構思和理解力，為了真正地確保，每一單元在闡述某一個具體主題的完整性和徹底性，我們便從查爾斯·菲爾莫爾集大成的書籍和文章中，進行這樣的選編和整理。

因為在接下來的扉頁中，真理被陳述得如此動人心扉、積極向上，所以當你真正開啟自己對真理的感悟之旅時，將會觸摸到那些曾經令查爾斯·菲爾莫爾的生命榮耀生輝的生命動力。這便是我對諸位的祈願和祝福。

沃倫·邁爾（Warren Meyer）

西元 1966 年 11 月 15 日

我現在與純潔的生靈同在，沐浴在生命、愛和智慧的聖靈裡。

　　我證實你們的存在和力量以及福音，在你們上帝的光輝照耀下，現在我已超越了不能永生的界限，而且依照祂完美的律法，祂純潔的愛的本質定在我的生命中做見證。

客觀存在的基督教

如今，生活在地球各個地方的人都意識到，實現這個世界的健康安樂，是居民自己的責任，這個覺悟前所未有。人類的命運掌握在自己的手裡，這個說法早已超越了某個宗教的教義或哲學理論的範疇。

人類被創造後，經歷了多少代的演變，才發現自身的結構不是持久穩定的。因為創造者沒有徵求過神的旨意，所以他們是不完美的。我們的聖經裡很清楚地寫著：上帝賜予人類決策實施性的能力，來實踐這個偉大造物主的一切具有創造性的計畫。

在今日的人類之前，最重要和偉大的話題，便是關於人類精神的頭腦發展，以及借助它實現與上帝統一的問題。我們無法智慧地使用自己的頭腦，便是所有疑惑的根源。信仰以及它在祈禱中的所有暗示，還有在觀點和見證方面對上帝的認同，構成了這一種而且是唯一的一種方式，擺脫混亂和困擾，我們借此來找到自我。因此，我們必須立刻從現在開始，透過把神的旨意納入我們所想和所說的一切中，來發展與天父思想的協調一致性。

在這個原子文明時代的背景下，人們會好奇為什麼現在上帝沒有像祂在聖經所做的那樣，真正顯身。其事實是，上帝無

處不在和人類對話，然而他們卻無法理解祂所傳達的資訊。我們有必要把自己從一種思想中解脫出來，這種思想認為聖經中的充滿智慧的人，都是被上帝特別激勵的，他們被上帝特別薦選去做祂的僕人。和靈魂的洞察力相關聯的所有事情，作為他們所做的工作的結果，直到結束。

因此，在今日的人類之前，客觀存在的基督教才是唯一的宗教體系，它能夠廣泛地吸引人類聖潔的理智，能夠被生活在陽光下的每一個國家中的每一個人接受和運用。

復甦

現代的形而上學僅僅只是哲學的一種復甦，這種哲學是在幾乎被遺忘的遙遠過去傳授給人們的。那些構成存在基礎的原則，再一次地吸引了人們的注意力，人類再次融入了知識的循環往復中，又一次，我們切身領會到了純粹理性和誠實邏輯的燦爛光輝。

幾乎沒有人感受過這種光輝，純粹的真理幾乎是一個未知數。在嚴格正規的推理方法被介紹到宗教體系中，從一個被陳述的假定中獲得富有邏輯性的結論時，普通的信仰者都陷入一片迷茫，不知所措。人們早已被灌輸這樣的思想，即無論某些連繫可能和因果必要性的邏輯是多麼南轅北轍，這些連繫還是理所當然的存在著。

　　為了得出相互協調、正確的結論，以及邏輯性爭論的結果，我們必須得有一個前提或者所有人都贊同的出發點。最嚴密的邏輯是到達真理的唯一準確途徑。有一些哲學體系或者宗教教義，如果不從既定前提得出結論時，採用完美邏輯的規則，那麼它肯定脫離了純粹理性的軌道，進入了人為教義的領域中。

　　為了準確地知道這些事情的真相，我們必須摒棄所有來自於五官的表面現象，進入純粹的理性中 —— 來自於由聖靈創造的一切東西，都是永恆存在的。

差異

　　客觀存在的基督教和真理依靠同樣的基礎，而且是可以互相交換的術語。事實上，基督教既不是一種發源於人類頭腦的理論，它也不是某位先知對人類的啟示，僅憑其話語就必須被視為無庸置疑的權威。就是在這些方面，它與世界上其他宗教體系完全不同，因為在任何一方面，它都沒有依賴權威進行啟示作用。它既沒有教義也沒有綱領，更不會指望它的學生們去相信，任何無法在邏輯上證明是正確的東西。

　　任何野蠻或者文明的人群都知道，它把根本的真理視為其教義的基礎，同時從那個真理出發，透過客觀、推理性的論證，得出被呈現出來的結論的全部內容。因此它沒有使用任何方式支援關於信仰的普遍流行的觀念，就像把一個模糊的東西接受為真理，儘管缺乏連貫性也要相信。相反，它要求最嚴密

的邏輯推敲和審查。批判性的邏輯學家們透過依照一系列純粹理性的科學逐漸形成的推理，找到一個向他們敞開的新世界。

多年的真理

這種憑直覺來弄清楚事實真相的推理體系不是新的，當然它得出的結論也並非新的，因為得出事情的基本真相的相似方法，在幾千年前就已經流行了。在遠古時代，傳說和傳統表明了宗廟的存在，在那裡純粹的理性被傳授。同時，歷史也宣告了早於基督五千年的類似學校的存在。

忠實

倘若你忠實地沿著這裡所呈現出來的論據線條向前走，你將會發現，一個原理將會向你敞開，它會以一種準確無誤的方式證明自己。由於人類本身所陷入的智力限制，你可能無法立即完全理解，從所陳述的前提中得出的邏輯推論。人類已脫離邏輯和純粹理論太久了，以至於當陳述和沿著最佳順序的思路，貫穿一種清晰明確的觀點時，他們會感到疑惑。

獨立的思想

就西方世界的人而言，用一種獨立的、自由自在的方式去考慮任何事情，是極其陌生，甚至是不可思議的。我們一系列

的思維和行為，建立在常規和武斷的權威基礎上。我們鼓吹所擁有的自由和獨立，可事實上卻一直屈從於習俗和傳統。我們整個文明都以人類創造的觀念為基礎，卻從來沒有在宗教中思考過自己，自然而然，我們根本不知道如何準確和連續性地思考問題。我們沒有訓練過，從一個普遍的核心真理中，得出自己的結論。因此，我們沒有能力判斷任何如此屬性的陳述。我們決定某種陳述正確與否的方式，是運用頭腦的偏見，帶有這種偏見烙印的遺傳、宗教或者社會習俗，已將我們團團包圍，或者把人造的紀錄奉為權威。

在研究客觀存在的基督教的過程中，所有這樣關於真理的暫時性證明，都遭遇到像乾草一樣被棄之不理的下場。在我們對真理的陳述中，沒有任何內容是經不起徹底分析的，也沒有任何內容是不能被實際證明的。

起點

為了支撐一個智慧的、合理的論據，有必要找出彼此普遍接受的起點。可能很多選自智慧論點的核心，將毫無疑問被接受為事實。對於一些嚴密的分析，它們通常基於另外一個或者前面所提到的事實。例如，有重量的物體總會朝地球降落。然而，問題很快來了，「是什麼導致它們降落？」現成的答案是：「毫無疑問啊！是重力。」「但是，什麼是重力？」這樣，我們被引導著一直向後追尋，直到消失在最初的真理或上帝中。

在同意一項陳述作為普遍性論證的基礎時，我們必須謹慎地找到一個先前沒有發現的依據。它很可能是人類的一種根基，因此順其自然地成為人類活動和形成的根基。當我們完全同意人的一切事情都可以把根源追溯到上帝那裡時，那麼不久，我們就會擁有一個根基，如果教義的推理是符合邏輯而且可以被證明的話，那麼依靠於此根基的教義都無法被推翻。這就是真正準確地宣揚基督科學的東西。它不僅僅是一個不能被理智的頭腦所爭論的哲學體系，而且也在現象的世界中陳述了其結論的正確性。

最初的真理

既然已經決定把上帝或最初的真理，視為我們體系的基礎，接下來的一步，便是決定這種最初真理的實質。有一種論斷認為：在整個世界上，沒有一個充滿智慧的人，會說上帝根本不是個東西。這個說法是安全可靠的。它根本不需要全面徹底的理論就能得到這個結論，因為這是全人類直覺能力的現成回應，毫無顧忌地把它視為正確的。

我們應當承認上帝或者說世間萬物最初的真理，是用來闡明一個論據的唯一可靠的基礎，這個論據的內容是關於用它所有曲折的羽翼，面對生活以及最初真理的實質，必定只是上帝這方面的，我們可以透過邏輯推理，逐漸形成一種在其推行中必定通用的教義。

有時候，一些人認為，人類不應該試著去探索出上帝的實質，因為祂是如此超凡脫俗和超越人類的理解範圍，以至於這樣的嘗試都是褻瀆式的愚蠢。然而，當細心分析的時候，我們會發現人類存在的唯一目標和終結，就是尋找上帝。生命的源頭是一個偉大的奧祕，歷代以來都受到人們最密切的關注和研究，同時因為這個源頭必定是無窮無盡的，這樣更加激發了人類去探索和領悟它的熱情。

聖經上說，沒有人曾經見過上帝，我們的物理科學家也都同意，原始的生命或最初的真理，是隱形的或者聖靈的，把它自己展示為智慧的源泉。因此，既然這種陳述的必然性結論，是上帝或者最初的真理是好的，我們就斷定它也是聖靈。

對人類的價值

我們已經建立了一個立足於無可辯駁的事實根基，從這個根基出發，推理很可能來源於不計其數的方向，那麼接下來代表它自己所要呈現的核心問題就是，「人類透過研究上帝，到底可以獲得什麼？」

事實是，展現在這個世界上的唯一好處，已經透過對上帝的研究獲得，儘管那種研究的優勢已演變成一種阻礙發現上帝顯身模型的本質。人們被教導說，上帝是一個有人格的存在，祂以專制君主的方式統治宇宙。這種錯誤的、狹隘的教導方式，導致上帝在人類觀念中的貶值和人造上帝的假設，同時也

形成了一個死亡形象的上帝，這是聖靈。

　　關於上帝的正確觀念是，祂是宇宙中智慧的法則，同時，像所有法則一樣，在祂的闡釋中是完全公正的。這就是在這個萌動的年齡，我們所能意識到的上帝概念，這並不新奇。東方智慧的古老諺語告訴我們，早在千年之前，他們的祖先在致力於研究上帝或者萬物最初真理的神祕宗廟中，就發現經過有條理的系統性訓練後，在高度理解的某個階段中，他們與這種最初的原則或者第一真理，建立了如此和諧相容的關係，以至於他們認為自己天生就具有這種認知的能力。

　　他們尋找上帝，並非為了控制那些對他們而言可能難以駕馭的事情，而是因為他們擁有智慧，能夠理解這種益處。他們發現，透過正確思維的思考和無私的生活，能領悟到自身存在的新天賦。他們尋求良善或上帝，並與同類相吸的法則相一致，良善或上帝也尋求他們。他們發現，當自身與這種良善建立正確的關係時，他們很顯然已經擁有了超自然的力量。

　　他們發現耶穌基督被稱為「上帝國度裡的國王」，所有的事物也因此被添加進去。類似傳統和某些紀錄表明，他們產生雨露和陽光，炎熱和寒冷，也憑藉著意志力生產了田地裡所有的果實和鮮花。這些紀錄如此陳述，他們也可以乘風而行，習得了隱藏於重力之後的一些東西。簡而言之，他們控制了所有透過語言或者思想傳達的所謂自然的力量，毫無疑問地證明，我們開始喜歡我們所研究的東西。他們研究起因，成為結果世界的真正高手。

轉變

他們發現透過與無形的原理建立內部的關係，會因為在思想和言語上對它的某種語言的闡釋而被感動。當那些話語被他們如此百般地表達時，一些奇妙的轉變在他們周圍發生了。源於被視為自然法則的多樣性，他們過去一直設想這種多樣性狀況的不可能性，轉眼之際已經付諸東流。他們過去一直相信疾病、衰老和死亡，都是永恆不變的法則的一部分，然而，他們找到一些與核心真理互相協調統一的話語：造物主或者上帝是聖靈和全能，治癒患者，撫慰悲傷，救濟貧者。

他們發現這些純粹智慧的無形原則，只能透過產生快樂結果的言語或思想來表達。同時，他們也發現，在轉變四周環境發揮神奇作用的話語，總會代表那些只能產生於上帝或者美好的旨意，演繹推理而獲得的能量。

真實和虛假

他們不僅透過直覺性的天賦，把上帝當作一切都美好的事物，而且也透過陳述自己只回應那些代表好的東西的特徵，來證明這一點。因此，他們把這些話語視為真實的話語。

在另一方面，他們發現某些沒有回應、或者與首要原因不協調一致的別的話語或者思想，會產生一種不和諧的狀況。在這些話語的捆綁下，人們開始生病、悲傷和普遍地不開心。經

過精神上的啟迪，運用比較、邏輯推理和實際的陳述，他們確實得到了真理的話語及其相反的方面。他們知道真理的話語，必定來源於相應的起因，自然就是真的。他們可能發現，對於那些對立面或者錯誤的話語，沒有立足點。因此，有必要將它們劃分為不真實、無用的東西，從通用的真理中省略掉。

他們把自己的話語排列和劃分為真實和不真實的，正如電工每天區分電壓的正極和負極。在頭腦的王國中，真理話語的影響力，完全就像在電的領域中電池的正極一樣威力無比。

話語的影響力是一門精確的科學。所有勤勤懇懇、孜孜不倦地研究它的人，都可以像這樣來闡述它。它是生命的科學。依賴於對它的了解，連結了人類存在的幸福和不幸。它不屬於那種被過去形而上學主義者發現和武斷劃分的科學。恰恰相反，它在展示和申請方面都是通用的。每個人在其生命的每一天，都在屬於自己的實驗室中工作，使用它的原則體現在他思考的每一個想法和他說的每一句話中。無論是否知道，他們都在使用這法則。因此，任何人都不應該忽略那些在地球上每個孩子的性格和環境中，由那些隱藏力量的掌握所產生的影響力。

純粹的基督教

純粹的基督教是一種聖靈的教義。它沒有任何對立面，在其純粹中，是一切事物的基本的原因，允許在那些理解它的人中擁有差異性。它可能會改變學說的模型，就像每一位老師的

特性一樣，但是每個老師都必須呈現相同的真理，儘管他們的語言和例證很可能差異頗大。為了解開整個宇宙的所有形而上學的計畫，每個人都需要而且一定要被賜予這把鑰匙。

生命的原則是不僅僅所有都是好的，而且都是智慧的。它是你智慧的源泉。當你研究它的時候，你將會發現自己逐漸變成所有智慧原則中的一個。而要成為所有智慧原則的其中之一，就是要了解，當充分地了解之後，你將會發現自己在辨別和理解的方面如此廣博，以至於你將會對那些在信仰、形而上學甚至政治方面不同的人充滿仁慈。

形而上學體系的另一個名字是通用的真理，因而它涵蓋了生命中有關於治療的、倫理的和信仰的各個方面。

治療

形而上學的療法是透過一種對事情真相的了解來治癒。它並不是像字面上的準確意思一樣，教你如何透過思想的理解治癒疾病。而是教你如何憑藉思想的力量，消除錯誤的觀點，把神的存在以一種健康和諧的方式予以展現。因為對於治癒的極大需求，所以這個範圍的知識吸引了大多數的人。

倫理

在形而上學的所有課程中，倫理向學生展示了道德世界大概是怎樣形成的。它教導學生如何透過保留帶來這些狀況的某些思想，來使自己變得智慧和快樂，如何在這變革的社會中獲得理想的結局。同時，也向學生展示一個呆滯、愚蠢或者愚昧的頭腦，如何憑藉著正確思想的力量，獲得在道德上的靈敏和智力上的閃亮。

信仰

形而上學的信仰，涵蓋了所有這些以及添加到它們中的某個或者確定的關於人類不朽和神的關係的知識。形而上學的信仰，是它無與倫比的原則 —— 正是這個知識範圍，將它置於科學的範疇裡。信仰是一種科學 —— 生命的科學。它將會把自己有邏輯地、熟練地呈現給學生們。

當你在其信仰的方面理解它時，你就會知道自己和造物主的真正關係，以及這種關係必定產生的東西。你得知自己作為一種存在的靈魂的地位，這種表達在邏輯方面是難以攻破的。同時你被帶到了與神的原理如此親密的關係中，以至於你憑藉直覺知道，自己不是屬於肉體的，而是屬於上帝的。

提升

對於上帝積極向上的呈現，沒有事情是微乎其微或者毫不重要的。上帝不是一種生命的理論，它是生命本身，是生命的和諧統一的展現。

那些已經虔誠地研究過形而上學，並把它的規則運用到日常生活中的人們將會告訴你，它讓他們在體力、智力和道德方面高人一等。他們將會告訴你，他們成為了更好的男人和女人，生活賜予他們新的熱情，他們可以表現相當好，並在自己曾經無助的地方幫助他人。

新的和舊的

有些人會告訴你，在信仰和理論的事情上，他們無法把這種科學融入舊的理論和前後矛盾的變幻莫測中。他們還會告訴你，它的簡單性阻礙了他們快速獲得其力量。他們用全部生命來傾聽關於身體和心靈、人類和造物主等的學術演講，同時很久之前就決定，只有真正淵博的人才能去領悟智慧的深度，這種智慧對於理解哪怕只是主題的極少一部分都是必要的。他們將會告訴你，從童年起，他們就從牧師那裡傾聽了關於上帝和人類對責任的辭藻華麗的說教。然而，在這一切中，帶有智慧冗長繁雜展示的主題如此深不可測，以至於他們無法和簡單的日常生活相連接。

在這裡我們有一個關於上帝深層次東西的展示，它是如此地簡單和容易，令智者和強者都將其視為宗教的奇想。

生活中的難題

對於沉溺在物質洪流中的人來說，生活的問題正變得越來越亂七八糟。追求滿足的人，孜孜不倦、勤勤懇懇地去從地球尋找，然而滿足無處可尋。

你在哪裡會找到一個承認自己擁有平和內心、健康體魄和真理認知的人？富人坦誠他們的財產，招致了越來越多的憂慮和極大的不安。窮人渴望變得有錢，不知道幸福是無法用金錢買到的。知識淵博的人不滿意他們的需求，因為當他們剛獲得智慧的時候，身體卻開始垮掉。生活在這個令人不滿意的世界中的居民，都經歷著類似的事情，許多人對事情變得更好失去了信心。

此時此刻的幸福

此時此刻的幸福，是基督教誨中十分美麗的一部分。它沒有依照世間的幸福或者拯救都在死後的觀點，而是說這些東西恰恰在這裡就可以得到。它教我們說，天國與你同在。透過作品證明，對於沿著它所指明的方向來走的人，是可以在身體和心靈中獲得那些東西的。

不帶偏見的心態

　　若是你想觸摸到純粹性的真理，那麼你必須用孩子般的、不帶偏見的心態來傾聽它的陳述。所有與你有關的都是潛能，也是你甚至無法設想到的權利。你的哲學還沒有抓住這個奇妙的、未被發現的國度的最微弱概念，這個國度就在觸手可及的範圍內，但由於範圍狹窄，凡人的感官無法看看到和認知。

　　你在神的殿堂裡居住、搬遷和享受生命。偶然的機會下，你可能在自己受聖靈啟發的至深時刻，微微地捕捉到了它罕見的美麗。這個宮殿不屬於事物的而是意念的。它從四面八方包圍著你，你接觸到它看不見的榮耀，卻不知道它們。錯誤的教育已經把你阻隔在上帝的創造之外。

　　你說這是唯心主義嗎？或者是幻想的錯覺？

　　在這裡，你又一次背叛了自己頭腦的累積，在這種累積中，產生了世代遺傳的偏見和種族教育。那種微妙的流體、電力，在顯現出來之前，不是就存在於無形之中的嗎？現代善於分析的化學家，不是早告訴過我們，說我們星球的大氣中，含有構成這個可見世界的所有元素嗎？？對任何一個人而言，斷定任何事情都是不可能的，是極其魯莽的。

新紀元

　　一個新的紀元已經綻放曙光了！舊的時代正在走遠。在這個新的寬恕降臨的時刻，天堂被圍攏成一幅畫卷，同時在這過程中，揭示了長期隱藏的起因的範圍。隱形的力量總是最有威力的。心靈的動力掌握了宇宙，在其中涵蓋了那所有的一切。透過這些行動，所有的事情正被推移。當一個人理解了心靈的法則時，他已經抵達了宇宙的神祕。

　　《新約》（New Testament）對於那些對心靈法則一無所知的人而言是一本天書。它是一個祕密的教本，讀起來就像一篇典型的記敘文，除非一個人擁有開啟它隱藏的含義的鑰匙，這樣才會有不同的見解。

　　客觀存在的基督教給出了這把鑰匙。祂知道關於它的哲學的所有原則，憑藉這些可以步入聖經的聖殿中，也能領悟到所有民族神聖經典的奧妙。在神的承諾中，不存在像時間、空間或者個性等的限制。

真理的研究

　　在對真理的研究中，並非在任何情況下，你都能聆聽到客觀理智中的神的箴言。你被置於邏輯和理性的強光中，被期待著從那立足點中得出所有結論。單從聖靈的前提下出發，你就可以引申出自己居住的現實世界，而且你可以完全滿意地去陳

述：所有這些年來，你被欺騙了，因為相信虛假的東西。你應該為祂證明所有的因果關係都來源於聖靈，同時你可以使自己生活的世界更加舒服，憑藉清晰的理性，你知道這些是真實的。

生命的智慧之一，是你的生命智慧。當你任其自由地流入意識之中的時候，你知道這些都是美好的東西。由於對一切而言可能只有一個原因，同時因為它是全善的，所以你就擁有了一個中樞點，從此出發，你能夠得出一個結論，這將確實解決所有關於存在的有爭議性的問題。

上帝

　　靈性認識的起點，是對上帝的正確理解。當我們以人類的方式用語言描述上帝時，我們只不過是用孩子口齒不清的音節，來陳述成熟時頭腦仍然只能微弱掌握的東西。話語永遠無法解釋清楚上帝是什麼，言語是頭腦的限制，千萬不要期待不受限制的思想，能穿越限制來全面地表達出個所以然。在能夠認識上帝之前，我們必須卸下複雜、尋找簡潔。我們必須變得像個孩子一樣。

存在

　　上帝的名字代表了全能。它是聖潔的、完美的。上帝是存在，是造物主，是無窮，是永恆，是宇宙的主宰者。存在是無處不在的、無限權威的、無所不知的；這是上帝的豐盈內涵。上帝是絕對的，無與倫比的，無處不在的全能之神，是滲透整個宇宙的神聖仁慈的法則。存在具有兩種狀態：隱形的和可見的；具體的和抽象的。可見的一方面來源於隱形，而且這總會依照一種成長的通用方式。從中心到四周是貫穿宇宙的步驟方案。

原則

我們必須釋放大腦中的想法,即一個私人的上帝正用一種武斷的、像人類一樣的方式統治著我們。上帝不是個人,而是原則。憑藉原則意味著明確、準確和不變。它以最好的方式描述了不變更性是存在的固有法則。上帝作為原則,是客觀存在的基督教的根本基礎。神的原則是最根本的真理,作為原則的上帝是不變更的生活、愛、智慧和存在的本質。

它是優先的計畫,上帝憑藉此在解釋自己中發展。原則不擠占空間,也沒有任何時間或者事物的界限,不過它作為引出所有真理的觀點的優先原因而永恆地存在著。儘管原則是無形狀的,可它是所有形式產生的依據。存在於宇宙萬物之內的上帝,是所有顯現的偉大的首要起因,是形式向前發展的源泉。

法則

作為法則的上帝是行動的原則。世間萬物都有其源於行動的規則或法則的根據。神的法則是存在原則的有序運行,不可被破壞,它把重要的事放在首位。神的旨意是宇宙法則的第一條。事實上,除非宇宙的各個部分都保持完美的秩序,否則就不會有宇宙。

現實

上帝是一種協調一致的原則，優先於所有的存在和所有源於永恆的現實。現實是由來已久的、永恆的和不可變更的東西。數學和音樂的基本原則是實質上的，因為它們不可改變。

聖靈

上帝是聖靈，創造生命的原則，宇宙中發展的力量，所有事物發展中依賴的、無處不在的、無限權威的實質。上帝是生命，在宇宙中就像持久的呼吸。生命是一種在聖靈中顯現的原則。聖靈不是事物，不是人，不能依照常識來分析，是難以理解的。為了抓住存在的實質，我們必須摒棄這樣的思想，認為上帝被任何範圍或者任何源於人類、事物或者任何有形事物的局限性所約束。作為所有事物的有活力的生命，上帝是唯一的個體，但是作為驅動生命的思想，它是多樣性的。

心靈科學

心靈科學是唯一的、真正的科學，它永遠不會改變。就科學而言，我們意味著知識的系統性和有序的排列。有序性是法則，是真正科學的檢測。心靈的事實是一種靈魂的性格，當在其正確的關係中理解時，它們是有序的。心靈法則的真理，比基於智慧標準上的、持續變更的觀點，更加具有科學性。

頭腦

透過頭腦這個術語，我們意味著上帝 —— 宇宙的原則，其中包含了所有的原則。在關於頭腦的談論中，我們被迫捨棄事情形成的面，進入純粹知識的王國。上帝是所有真實想法形成的起源。宇宙的頭腦是由典型信念構成的：生命、愛、智慧、實質、真理、力量、和平等等。這最初的頭腦被思想創造，真理的科學是上帝思考創造的。

真理

就像真理一樣，上帝是整個宇宙的永恆真理。祂是第一位的、永不會改變的真理。絕對真理是符合上帝神聖原則的真理，而且永遠是如此，那是永恆的。上帝的真理是現實，存在的真理是永恆。

無處不在

無處不在的上帝，是宇宙中唯一的存在。這指的是上帝遍布所有的存在，滲透正規宇宙。上帝在世界的每一個角落，沒有上帝不在的地方。它寄寓一切，穿過一切，圍繞一切。

無所不能

上帝是全能的，所有的能量都在祂那裡。上帝作為全能者，擁有無限的力量，祂是萬能的。對上帝而言，一切皆有可能，因為就是憑藉無窮的所有，擁有所有的力量或威力來完成任何事情。宇宙間所有的力量，所有的威力，所有的權力都是屬於上帝的。祂是全能的神，聖靈的力量無所不在。

無所不知

身為無所不知的上帝，是全知全能的。上帝就是頭腦，是融合和滲透在一切事物中的無處不在的頭腦。這頭腦對所有的，無論是上面的、下面的，還是裡面的、外面的，都是共有的。上帝在祂的宇宙中必須作為所有智慧的力量，否則會摔得粉身碎骨。

本質

上帝是實體，不過這並非意味著事物。事物是有形的，然而上帝是無形的。上帝存在於所有事物和所有形式的背後。本質是萬事萬物的神聖觀念，它到處都在，遍布一切事情。存在物的所有屬性，都透過本質來呈現，它維持並豐富了投射到其中的任何想法。神聖的本質就是供應。它是所有形式的基礎，最終卻沒有成為任何形式，無法看見，品嘗或者觸摸到。然

而，它是宇宙中唯一的、真正充實的物質。上帝作為本質是萬能的法則，在此法則中大量地提供了源於祂自身豐富的物質。

理念

宇宙的真實性，以理念的形式被保存在存在者的思想中。宇宙中萬事萬物都是神的頭腦中的一個理念。在上帝的頭腦中，一個理念是永恆的話語或者圖示，是原始的、根本的或者存在的無限制的思想。理念很可能以各式各樣的方式融合在一起，產生形式領域中無窮無盡的多樣性，正確的結合構建了神的秩序。

愛

在神的頭腦中，愛就是宇宙整體的理念。帶著神的所有屬性，毫無疑問，這種愛是最美麗的。愛是一種力量，把宇宙和世間萬物連接和容納在神的和諧裡。神的愛不是私人的，只是因為愛而愛。愛是了不起的協調者。

創造

關鍵之處

四面八方的人都在虔誠地試著去追尋、了解上帝，以及宇宙和他們自身的來源。他們或多或少已經探測到自然的每一個祕密，但是，相對來說，他們對生命的起源一無所知。對神性心靈的正確理解，是唯一的一種邏輯關鍵點。當人類能清晰地辨別出心靈科學時，他將會輕易地破解所有創造的神祕。為了理解被上帝創造的宇宙，我們必須知道一些關於上帝性格的東西。

三位一體

三位一體被認知為聖父、聖子和聖靈。在抽象層面上，我們所理解的三位一體，指的是頭腦、理念和表達，或者是思考者、思想和行動。這三種基本的思想，位於其創造性的三個方面。

聖父

在三位一體中，聖父是第一位的。聖父是絕對的、無極限的、不相關的存在。它是起源、源泉、本質、根、原則、法

則、聖靈、全能、萬物的創造者。聖父包含所有心靈，無所不在，永存的代名詞。存在的宇宙原則設計了所有的創造之物。伊羅興（Elohim）是具有創造性力量的上帝。偉大的頭腦意味著思考。伊羅興創造了聖靈的理念，並在之後顯現。上帝沒有創造像現在這樣的地球，而是生產了地球。

聖子

在三位一體中的第二位是聖子。在舊約中，他叫耶和華，在新約中，他叫耶穌。在神的旨意中，聖子是最完美的人的理念的體現。他是上帝按照自己的樣子創造的。這聖子是一種原則，在一種創造性的計畫中揭示。他源於上帝，在本質上像祂，或者甚至完全就是聖父。聖子曾經存在於上帝。聖父和聖子合二為一，在宇宙中無處不在。

基督

在所有呈現上帝的地方，基督是一個而且是唯一的一個，在思想上完全理想化的人，是上帝唯一的兒子。他是源於神的理念的人，集聚了所有神的理念，就像智慧、生命、愛、本質等等。在建築設計師的頭腦中可能存在著傑作，是這傑作以及在頭腦中出現的美麗理念的匯總。基督是宇宙中有秩序的或者偉大的人，是博愛之心的代名詞。

話語

聖子也被稱作道、言語、神聖的一種以及我是誰。他就是現存的言語。道是上帝的話語,是容納所有想法的神的典型理念。這種至高無上的理念,是由宇宙原則描述的創造性力量。道的法則是神的創造法則,它產生了完美思想的順序和協調性。法則總會分清主次,是行動的規則。對道的理解,向我們揭示出萬物產生的法則和心靈行動的法則。神聖心靈,透過理念,被思想創造。

我是誰

聖子是存在者的個體,我是永恆的,沒有開始或結束:是上帝創造的、真正的聖靈之人。祂的家在上帝理念的王國中。

聖靈

聖靈這個詞正如它的名字所言說的,是積極的、有活力的、上帝的所有屬靈。它在上帝的話語中活躍著:工作、遷移、呼吸、仔細思考的聖靈。聖靈是一切事物活躍的顯現,是聖父和聖子共同實施的力量,執行創造性的計畫。聖靈是行動中的上帝法則,在這種行動中,它以個體的形式出現。它是存在的個性,既不是存在的所有,也不是耶穌基督的豐盈形象,而是用來做一個確切工作的一種發散或者呼吸。創造透過聖靈的活動來執行和實施。

✝ 創造

創造性的過程

　　創造是在神性心靈中一種理念的最初計畫。在創造的進程中，神性心靈呈現了自身的觀念。上帝透過心靈的力量，透過祂的理念或話語，以及宇宙中創造性的載體，來設計和推動創造的腳步。心靈的載體是思想（理念）。上帝設想中的宇宙此刻正在呈現，透過道的運行，創造就這樣發生了。道的創造總是極具聖靈性的、永恆的和廉潔的。心靈的創造性進程是持續不斷地操作著；創造總是在進行中，但是最初的計畫，神性心靈的設計，已經結束了。心靈的進程觸及了所有的創造。上帝永恆的在祂的創造中，永遠不會與這一事物分離。無論什麼地方，只要有創造性行為的見證，就是上帝所在的地方。祂詮釋的道路分散在四面八方。

創造性的法則

　　創造的順序是從無形到有形，從隱性到可見。這個進程永遠進行著，永遠不會有開始和結束。上帝創造性的法則處在完美的順序和協調一致的狀態中。沒有法則，上帝無法進行創造。上帝是在法則之下推動創造的心靈力量，在法則之下實施創造。首先是心，其次是心中的理念，然後是理念的具體化。如果沒有心靈，一切皆為空談。創造性的智慧，永遠地建造了上帝的宇宙。

退化和進化

上帝所有的傑作都被視為完美的理念，在心靈中被創造。由他所創造的理念，成就了一切事物。每一種形式的起點，便是一種理念，這就是退化。然後這些理念成型，這就是進化。進化是關於心靈中所想事物的顯現。無論心靈指揮著去做什麼，都將由存在的、固有的進化法則產生，這種說法適用於大的和小的方面。在心靈中，這是唯一的。

觀念作用

神心完美地闡釋了祂的理念，所以它們就沒有被改變的機會。祂確切地設想自己的理念，甚至包括每一個微小的細節。神的唯心主義是完美的標準。這理想持續地傾其所有於創造中，而且把它托舉得越來越高。神的母性是哺育、滋養神心的元素，在這心靈中，勝利的理想結出了果實。這種理念是直接性的、具有控制性的力量，它領先於實現。

觀念作用的形成

觀念具有多產性，由其屬性帶來。每一種觀念都有一種具體展示出來的作用。每一種觀念都基於它們自己的形象和相似性，而產生一種結構，同時所有這樣的觀念和結構，都能根據它們自己的載體而被組織和集結。萬事萬物依賴於觀念。花朵

背後的理念是美麗，音樂背後的理念是和諧，白天背後的理念是明亮或者智慧的處方。

人類

　　人類是神聖心靈中的一個理念，他是存在的縮影。人類是上帝創造的巔峰之作，產生於與祂相似性形象的創作。理想主義的人類是完美的人類，是基督，神聖心靈的後代。在這之前的人類，必定只是人類的理念。上帝、聖父、神聖心靈，都有人的理念，而且這個理念就是祂的聖子，是完美人類的理念，是上帝心靈的後代。這聖子是基督，是聖父的獨生子。聖子，成為聖父自己相似形象的詮釋，是完美的，甚至就像聖父本身一樣完美。所有我們在神聖心靈中發現的東西，都可以在祂的後代身上找到。

顯現的人類

　　顯現的人類應該完美如理想。當個人認同基督時，他就會成為這樣的人。當他認同任何不完美的事物時，他就會表現出某種程度的不完美。

　　人類透過自身意識中的理想活動，來打造這個世界。在王國中的人類是上帝的化身，一切上帝的物質和力量使他變得活力四射，這是他本身固有的特徵。

形象的相似性

當我們快速理解聖靈，完全意識到上帝智力的特徵和我們自己的本質，是作為上帝的形象或者理念時，我們將會開始像耶穌基督一樣生活著，以便於我們可以帶來相似性。領悟出上帝的真理性格和祂的屬性，來把握我們與祂的關係，要做到這些的關鍵之處，是意識到祂的屬性即是我們的屬性，其力量是我們的力量，其性格即是我們的性格。

人在生活中沒有局限性，祂總會像聖父一樣存在著。在創造的開端，祂透過聖子、基督，這個完美和理想的人類來顯現。

有關人類的三部分

每個人都會問這樣的問題：「我是誰？」上帝的回答是：「在精神上，你是我自身的理念，就像我在理想中看到的自己；在肉體上，你是我腦中實施這種理念的法則。」把自己視為神聖心靈中缺一不可的理念吧！上帝的心靈是精神、靈魂、肉體；也就是思想、理念和闡釋。人類的心智中是精神、靈魂、肉體，與來自上帝心智的東西一致，但是存在於自身，使其顯現在每一個獨特的個體中。

每個人都把自己的意識，視為神心的三部分，而精神、靈魂和肉體中的意識裡存在的協調一致性，證實了進程中的成功。如果他只有肉體，那他只有三分之一的完整性。如果肉體

中加入了靈魂，那麼他就是三分之二完整的人。如果這兩者中注入了精神，那他正成為上帝設計的完美之人。

　　人類既沒有自己的精神、靈魂，也沒有自身的肉體 —— 他只是一個個體，他只能說「我」。他使用上帝的精神、靈魂和肉體，作為「我」的詮釋。倘若他本著它們屬於自己的理念來使用，那麼他就會變得自私，這個自身約束了他的才能，阻礙了他的成果。在正確的關係中，人是到處存在的生命、物質和智慧的入口和出口。為了自然地成長，個體必須正確理解這種關係。在建立正確的關係之前，意識的定位在整個人類中必須普及。這不僅僅包含對宇宙的智慧，生命和物質的一種意識，而且也包含了在人類意識中各式各樣的結合體。

人類的精神

　　精神在人身上即我是誰，是種獨立存在。這種個體是真理的本身，無法與上帝分離，是我們精神的識別，是我們屬於上帝的部分。就是它把我們鑒定為一種獨特的實體，或者神的原則中特殊的顯現。個體是永恆的，永遠不會被摧毀。精神是力量的座椅。「是誰」是人類的自我鑒定，其中心圍繞著人類的體系旋轉。它建立在原則之中，由神來引導，同時與神的法則協調一致。在性格方面，精神就和上帝一樣。精神是人類中神的核心，是絕對的；它不影響結果，卻代表著絕對好的創造性起因。這就是存在於每一個個體中的內在耶穌，或者說是精神的核心。

人類的靈魂

靈魂是人類的意識，它是任何表達背後的基本思想。在人的身上，靈魂是一個人呈現出的許多理念的累積。在其最初的和真理的觀念中，人的靈魂是在神聖心靈中被詮釋的理念，是人類從精神中領悟或者發展的。靈魂並非上帝理念的王國，而是在創造性的法則中的再次散射。這靈魂同時觸動了精神內在的王國和外部的世界，它從前者接受了直截了當的鼓勵，從後者獲得了印象。

人類的肉體

人類的肉體是靈魂的詮釋，靈魂造就了肉體。它是靈魂或者意識的外在解釋。肉體是人類思想部分的沉澱。上帝創造了一種理念，把人類的肉體作為自我沉澱、自我更新的系統，以便於人類能夠重建自己的肉體。上帝用祂的思想創造了肉體的理念或者神的理念和人類，並使其顯現。所有的思想和理念，都依據他們的性格包含了他們自身。物質的思想建築在物質性的肉體，靈性的思想建築在靈性的肉體。肉體是靈魂外在的庭院，是在一種理念形式中的確切代表，這種理念圍繞它領域內在的王國旋轉。

意識

　　意識是關注和意識的知覺，是我們了解的認知。佇立在頭腦中的理念是所有意識的根基。意識形成的理念本質賜予其性格。意識是任何理念、物體或者狀況的知識或者實現。它是所有理念的集聚總體，並且影響著人類的存在。它是理念、思想、情緒、感覺的合成體，組成頭腦的意識、潛意識、超意識各階段。它包含了所有人類意識到的精神、靈魂和肉體。人的總意識是意識、潛意識和超意識，是作為一個整體、一個統一體而運作的心智階段。這三者的和諧合作，對於激發人類的潛在可能性是必要的。

　　超意識的頭腦，耶穌基督的意識或者說聖靈的意識，是一種基於真實想法和對聖靈真理的理解，以及意識為基礎的陳述。它是人類經過創造性過程迷宮的唯一可靠引導，透過相信這種引導的絕對正確性，人類向神的鼓勵敞開了心扉。這個階段的心智形成過程，與耶穌基督的理念協調統一，或者說與聖父建立了絕對的關係。這是完美的心智。

有意識的頭腦

　　我們都相當熟悉有意識的頭腦。透過使用它，我們與外部的王國建立了連繫，同時意識到了自身個體的存在。這有意識

的頭腦，使得一個人能夠了解其頭腦的運作，也就是在頭腦的
這個階段裡，一個人主動的意識到其思想。人類都是透過頭腦
來建立自己本身。這有意識的頭腦應該關注超意識，來獲得所
有的方向感和指導。智慧的聖靈扎在超意識中。

潛意識

　　潛意識或者說主觀意識，是人類過去思考的所有匯總，這
或許可以稱為記憶。潛意識缺乏進行最初思考的力量，它經過
被賜予的意識或者超意識來發揮作用。我們所有非自願的或者
自動的活動都是潛意識。它是我們透過意識培訓自己的結果，
透過這種培訓來形成某種習慣和做某些事情，而不用刻意地把
它們圍繞其中。

　　潛意識是蘊含在意識和超意識之間，一個靜默的領域。它
可以被稱為心靈的敏感地帶，其真正的目標是接受來自於超意
識的印象，同時根據意識的畫布再現它們。

　　無論如何，人類已經丟失了把聖父作為存在的現實放置於
心中的意識，因此逆轉了整個進程，以及從意識中來利用潛意
識。透過這種方式，前者可以根據形成印象時，意識中的想法
來記錄印象。

十二個核心

人類頭腦中固有的是十二個最根本的理念，其發揮作用時，就像最初的創造性力量。對人類而言，與這些理念相連繫，並且充分利用這些最初的力量，而且因此與創造性的法則相協調一致，是完全可能的事情。但為了實現這些，一個人必須把自己從外在的力量中解放出來，接著進入蘊藏在背後的理念意識之中。

人擁有十二個偉大的意識核心，它們亦是行動的核心，其中的每一個都已經控制了某一種在頭腦和身體，靈魂和肉體中的功能。這十二種力量都在神聖心靈的引導下，被解釋和開發。

你必須保持平衡，在所有產生這十二種力量的過程中意識到，所有這些都來源於上帝，被上帝的話語所指引。這十二個核心即為：信念、力量、判斷、愛、能力、想像、理解、意志、順序、熱誠、捨棄（或者取消）以及生命。

信念

信念是心靈的感知能力，與塑造實質的力量連結，是精神上的保證。它是一種力量，攻克似乎不可能實現的事情。它是一種磁力，從無形的精神物質中吸引我們內心的渴望。信念是一種深層次的內在認知，顯現在我們談話時。

信念是人類成就一切事情的基礎，它與存在於物質中的耐

力、堅固、不屈服的形式緊密相連。它的發展是精神意識的關鍵和核心。對上帝的信念是存在的物質性，對上帝有信念就是擁有上帝的信念。我們必須對上帝有信念，把它作為我們的聖父和我們渴望的所有美好事物的源泉。

信念絕非僅僅只是相信，它恰恰就是被相信的那種本質。在精神實質中發揮作用的信念，能實現一切事情，這就是與創造性的法則協調一致的法則。當它在精神意識中被深度運作時，便找到了自己的歸依。在這裡，它按照神的法則運轉，沒有變化。它帶來了看似奇蹟的結果。一種理解性的信念依靠原則產生作用。它以對真相的認知為根基，並理解頭腦運行的法則。因此，它是強而有力的。透過知道特定的起因產生特定的結果，提供了一種信念的基礎。

「盲目的信仰」這個詞語說的是相信力量高於我們本身。因為盲目的信仰不理解存在的原則，它更傾向於沮喪和失望。

力量

力量是源於上帝的精力。在人類的身上，它從虛弱中呼喚出了自由，性格的穩健，抵制誘惑的能力，完成事情的潛能。力量是具有身體的、頭腦的和精神性的東西。所有的力量源於信仰。在心靈中，力量和信念，情投意合，親如兄弟。當這種團結的紐帶建立起來時，即使人們可能會遇到極其惡劣的經歷，它也會一直伴隨著人們。

判斷

　　判斷力是一種頭腦的才能，可以透過兩種方式來展現 ——
感知或者對精神的理解。如果其行動是以感知為基礎，則它
的結論難免會出錯甚至是有罪的。如果它是以精神的理解為根
基，則它們是安全可靠的。判斷是透過比較或對比進行評價的
心理行為。精神洞察力是內在的一種聲音，透過其解釋，我們
達到了更高的自我意識水準。我們也可以把它稱為才能的區
別。它恰恰就是存在於我們身上的品格，能夠仔細地權衡一個
問題，並且得出結論。

　　當從存在性的影響方面來推斷出結論時，判斷的普遍趨勢
是朝向謹慎、膽怯、批判和譴責的方向發展。因此我們應該信
心十足地尋找這種才能的精神方面，引導聖靈的光亮和理解好
的判斷。

　　智慧、公平、判斷彙集在心靈意識的要義中。直覺、判
斷、智慧、公平、辨別力、純粹的認知和深刻的理解等能力，
對人類而言是很自然的。透過或憑藉神之子的名分，所有這些
品格，還有更多，都屬於我們中的每一個人。

愛

　　愛是一種內在的品格，無時無刻都見證美好。它堅持的觀
點是，一切都是美好的，透過拒絕接觸任何不好的事物，使得

這種品格最終在自身和所有的事物中，呈現出最重要的意義。神的愛將會引領你找到自己，調整所有的失誤，讓你的生活和事物變得健康、快樂、協調和自由。就像太陽，其愉悅在於它自然而然地照耀世間萬物。

愛是一種神的特質。它是頭腦中的理念，存在中的品格。神的愛和人的愛，其區別在於，神的愛是寬闊廣博的、無局限的，是一種通用和和諧的力量，而人類的愛佇立在個人的基礎上。當人類以一種局限性的方式解釋神的愛時，他把意識和對愛的闡述分離開來，是私人的而不是通用的。只有當愛駐紮在意識之中的時候，它才會引導我們意識到，我們有必要使自己喜樂和滿足，這些東西都確實是屬於我們的。無私的愛是無所畏懼的，因為忘記了自我。伴隨著一種安全感，有機整體的意識是愛的自然產物。

能力

人是運行中的上帝的力量，人的身體和頭腦，有力量將精力從一種程度的意識轉變到另一層面。這就是從最開始關注與人的力量和統轄，它是人類對自己思想和感覺的掌控。從高處加速必須領先於其統轄的意識，力量透過提升理念而增加。聲音的力量控制了所有機體的振動能力，它是與表達相關的無形振動世界和有形振動世界之間敞開的大門。每一個融入其中的詞語，都接受到了來自力量部位的詳細個性和特徵。

想像

　　事物的每一種形式和形狀都源自於想像。就是透過想像力，無形的事情成型了。人類不斷地透過他的整個性格中包含和賦予的形式，來製造和向他的頭腦、身體以及關於他居住的世界發送想像力。這些形象成型於其想像的才能中。

　　在現實的領域中，頭腦想像的力量，是沒有任何錯誤的形象的。他對一切存在的美好和完整都是容納接受的。當靈魂因為精神的熱情而振奮時，這種才能會造就偉大。在沒有理解基督的情況下運用，這是私自輕信。它本身並不是錯誤，而是可能以錯誤的方式被使用。在人類與上帝的對話中，這種才能發揮了極大的作用。

理解

　　人的領會就是理解，用智慧來理解和認知。其理解不僅僅局限於相識的領域，也包含在理念的範疇。它知道如何完成事情，聖靈的辨別力向我們揭示了知識和智力，是對理解力產生輔助作用的東西。

　　理解事物有兩種方式，一種是順著寓於聖靈的指引，另一種是盲目地向前走並透過艱辛的體驗來感知。

　　對真理的理性理解，是意識前行中巨大的跨越，同時其專業性帶來了自私使用的誘惑，終結了智慧和力量。

對心靈的理解是內在心靈的復甦。精神理解是心靈理解和認識思想規律，以及思想之間關係的能力。

意志

意志是心智的執行能力，執行「我是誰」的命名。所有進出於人類意識的思想，都得透過坐落意志的大門。假使意志理解了其職能，則被調查的每一種思想的個性和價值以及某個讚頌，都恰好與人類的利益相一致。倘若人類的意志完全有信心地忠於智慧，同時在智慧中實施理想化的計畫工作，那麼它就在人身上創造了和諧及平靜的意識。

人們多次談到意志，因為它是決定意志力形成的直接力量。當人類願意去完成上帝的意志，那他是以一種智慧、愛和心靈理解的方式，去使用自己的意志力，建造了聖靈的性格。

人類的意志或者命令如何在經歷中體現？意志是頭腦和身體的中心，所有構建意識的活動都圍繞著它旋轉。它是「我是誰」：解釋其潛力的通道。

順序

順序的內在靈魂，是生命聖靈的呈現方式，順序的神聖理念就是調整的理念。因為它植根於人的思想中，他的頭腦和事物將會在一方面實現宇宙的協調。頭腦順序的能力保存每一個

思想，嚴格地演繹存在的真理，不管境遇或者環境如何。人類在法則之下發展，直到認知自己是誰，了解並透過按照神的順序，把知識帶入永恆。

熱誠

熱誠是強度、激烈和熱情，鞭策人類向前進的內在烈火，而不顧警告。它是存在的肯定推動力。它的命令是「向前」。當熱誠和判斷力連袂出擊時，偉大的事情就能成功。

沒有熱誠便是沒有生存的熱誠，熱誠和熱情催促了頭腦中儲存的每一個目標和理念的偉大成就。精力是能動的熱誠，是每一個影響的先驅。永遠不要壓抑你內心湧起的衝動、力量和熱誠，應該為它的精力和效率而感到驕傲。

讓你的熱誠與智慧相伴，千萬不要讓熱誠放任自流。人類是一個被壓抑力量的發電機，但是在使用時需要判斷力，要時刻在精神方面展現熱誠。在完成事情時，過剩的熱誠發展成為被稱作天賦的東西。天賦是個體在一些生命靈動的領域中積攢的熱誠，是一個人在他自己非常熱心的領域中，沉澱成就的爆發。

捨棄

捨棄就是捨去舊思想，以便於新的思想可以在意識中找到位置。當人思考著有意願地拋棄舊思想，同時吸收新思想的時

候，便獲得了頭腦的健康狀態。這可以用池中水的流入和流出來類比。捨棄有時候也叫取消，肩負著刪除頭腦中錯誤思想和身體中廢物的工作。

當存於意識、身體和事情中的思想、狀況以及物質，已經達到其目的，人們不再需要它們時，正如一個人需要吸收新理念和新物質，來滿足每一天的需求，捨棄這些舊有的東西是必要的。因此加強一個人的捨棄才能是必須的，在索取和給予以及保留和捨棄之間，必須建立一個恰到好處的平衡點。

生命

在現象的世界中，生命是推動各種形式行動的能量，其本身即是人類所有力量中，最巧妙和最豐富多彩的部分。它主導身體的生命，神的純淨生命透過靈體觀念流入人的意識中。只有那些已經領悟到靈體觀念意識的人們，才能感覺到這種神聖的生命百川。它的本質是讓它所觸及的一切，都具有永恆的生命力。它知道只有透過給予，沒有限制地不斷地給予，才能夠實現。渴望被上帝引導是激發生命內在力量的第一步。生命是神的、聖靈的，其源泉是聖靈。生命的河流存在於人類精神意識之中，透過提升精神，進而融入這種意識中。僅僅在意識上透過與聖靈的溝通，一個人就能夠真正地體會新的生命，讓頭腦和身體充滿活力。

思考

對人類而言，在宇宙之中被賜予的最強而有力的力量，就是自覺思考的力量。有一種普遍的、創造性的力量，促使人們認識到他個人思想的創造力。這種思想是強大的，所有的本質皆源於人類的管轄。當人類與原則相協調一致時，他便坐在自己權威的寶座上，強大的力量繼而屈服於他。

思考是頭腦形成的過程，思考的才能是自身所有理念內在和外在的展示，它是靈動的、熱誠的、衝動的，但並非總是明智的。它的本質是思考，思考它將會實現。因為它是你創造性的核心，所以你所具有的想像才能，使得你成為自由獨立的一體。運用或者透過這種力量，你建造了自己的意識 —— 你建造了自己的世界。

思想

思想是思考的產物，它是頭腦的振動或者衝動的過程。每一種思想都是一個個體，這個個體擁有使得所有元素都圍繞其旋轉的自我中心。思想能自我解釋，每一個思想都根據思想者賦予它的特徵，以一種具體的生命形式來包裝自己，這形式只是思考的結論。人類的頭腦調配自己的才能，將所接受的思想變成了真正的生物體。

精力（思維振動）透過思想的威力和力量被傳送。思考的力量是憑藉一種給予它解釋理念的推動之力，所有的結構都被思想的力量建造。這種力量在所有生命的形式中，從一種頭腦傳輸到另一種頭腦中，也可以從頭腦到身體。這無處不在、無形之物（思想的事物）已經做好準備，與一個人的頭腦形狀相協調。宇宙中存在的思想之物，比留聲機的紀錄更敏感，它不僅記錄了所有的聲音，甚至包括思想的最細微振動。

思想的凝聚

物以類聚。一種思想將會用類似的思想占據我們意識之中的位置，吸引的法則持續生效，直到相關的思想凝聚成一個群體。思想的群體以體內的細胞形式解釋自己 —— 好的或者病態的。這種在腦中理念的收集或者凝聚是思想的核心。它們透過自己的顯現來建造各部位。周圍的心理氣氛或思想氛圍，是每個人根據他的思考特徵所創造的。否認的思想建造了一種不和諧的氛圍；愛、繁榮、健康和信仰的思想，創造出一種和諧美滿的精神氛圍。

思想的控制

思想是透過正確使用肯定和否定來控制的 —— 透過心靈接受和拒絕的力量。這種心靈的力量便是「我是誰」，正是透過

「我是誰」解釋的通道，思想的控制、管轄和掌握被包含其中。心靈透過說「是」或「否」的力量來控制思想。去「保留一種思想」就是在意識中同時要發出聲響地證實或者否認某種建議，直到滿足頭腦的邏輯，獲得心靈的意識。

否認

人類的意識是由大量的錯誤個性和種族觀念構成的。否認是從意識中消除錯誤信念的心理過程。它清除掉對魔鬼的信仰，因此為真理的建立騰出空間。我們透過它，擺脫了陰影，清潔了頭腦。一種否認便是一種放開，因此不應該氣勢洶洶，而應該像掃除蜘蛛網一樣輕柔。

肯定

當在神的頭腦中做出自己的姿態時，我們的否定和肯定將會處於正確的關係中，將會確切地知道何時放棄一種思想，何時保留另一種思想。

肯定的目的是為了在意識中，建立一種對神的原則的深入理解，這個原則是萬事萬物的依靠。透過對真理的證實，我們把聖靈意識中錯誤的思想托舉出去。肯定是對真理的積極陳述，透過使用它，一個人宣稱並占有在真理之中本質。正是頭腦的運轉，在面對所有對立之物時，自信並且持之以恆地證實

了存在的真理。思想所有正面面向的總和,構成了將思想付諸實踐的肯定。它們不一定需要特定的條件、話語或者陳述。

對在意識中真理的肯定話語,引領頭腦用正確的態度來接受來自聖靈的光、力量和指引。話語是力量用來使自己顯現的工具,完美意識中擁有的話語,無時無刻不在呈現神的生命和我們這個生命的融合性,這些都掌握在生命和健康的恢復中。當聖靈的話語與人的意識一致時,在人類頭腦中形成的話語或者思想,必須讓步於存在的更高原則。

法令

法令就是命令或者規定,有把握地頒布法令,就是在實質上建立並確定一個理想。位於法令之後的力量是看不見的,它與創造它的人的無形力量相協調,我們對於無形之物的力度只有細微模糊的概念。肯定遠比世界上最強壯的可見之物要更強大。具備力量和智慧的語言,正逐漸增加用途。

思想和話語

人類無法知道思想或話語是如何發揮作用的,除非透過自己的意識。他必須理解、掌握,同時理順自己的思想和話語。我們最重要的研究是自己的意識,透過正確的理解,使用正確的思想和話語,人類將會體會到與其同在的天國。

思想能夠解釋自己，他們認為，人類思考並領悟到所有屬於自己的思想。在最初的思想和第二思維之間有區別。一個人在聖靈中有令人振奮的核心；其他的，在於思想。一個是上帝之子，一個是人類之子。若是一個人遵循神的法則，那麼他的話語將會在很大程度上，促成事情的成功。

每一句話都有其影響力，以一種隱形的和無意識的方式呈現。我們所想的東西通常會用話語解釋。我們的話語塑造了自己的生活和事情，無論我們投進去什麼樣的成分。一種軟弱的思想被軟弱的話語追隨。透過解釋和形式的法則，軟弱的語言變成了吸收這一性格特徵的軟弱事物。

談論緊張和軟弱也會產生相應的狀況，傳達充滿力量和肯定的語言，將會帶來渴望的力量和姿態。每一次我們講話時，都會引起體內粒子的顫抖，並且改變它們的位置。我們不僅僅引起自身體內粒子轉變位置，而且也會提升或降低這振動的頻率，進而影響到與它們相連繫的身體其他部位。所以，每一句話都會因其特殊的性質，而帶來不同的影響。

命令性話語的力量

講出來的話會透過宇宙引起振動，啟動植根於每一種形式、靈動或者非靈動中固有的智慧。人類，身為神聖心靈最高級形式的散發，擁有偉大的指令性的力量，並在形成宇宙方面與上帝完美合作。我們應該對萬事萬物都講出真理的話語，不

存在祕密和隱藏。

　　話語的力量賜予人類來使用，一個人越是能更好地理解上帝的性格，和他自身與和諧的關係，他就越是能無私地施展這種力量。一些人把這種力量以自私的方式濫用，這種行為將會阻礙那些更好理解法則的人來正確地使用它。當我們渴望獲得幸福的必要之物時，設置更高的法則來吸引它們的做法，並沒有褻瀆上帝的旨意。掌權人的話語能夠更好地權衡，產生深遠的影響。

　　假如你的話語是自私的，你將會遭遇不能滿足於其使用的境況。學著講正確的話語吧！身為神之法則的解說者，你有義務去宣講道，上帝的話語，在你身上來見證其內在的完美性。

思想和行動

　　人類的每一個行為都源於思想，被解釋為源於頭腦核心的非凡世界，它是蘊藏其間的一種精力的發射點。這發射點是有意識的自我，與起因處於正確的連繫之中，而且指揮所有在起因之中的力量潛能。

　　這有意識的自我，可以洞察兩個方向 —— 外部的世界，其中孕育著表達意識和感覺的思想，最終形成一幅移動的可見性全景；另外的就是內在的世界，在這裡衍生出了一切的生命、力量和智慧。當這個「我」整個關注內在時，它便失去了所有永

恆的意識。當它沒有全體看待時，只借助於意識和感覺，它便在思想創造的迷宮中失去了方向感。然後，它建立了一種引發力量分離和獨立的信念。人類只看到形式之物，把他們的上帝看成是位於維度城市中的一個個體。當靈魂認為自己獨自時，它便把自己從意識的源泉中脫離出來。知道自己從他的來源中脫離，人就看不到神的協調一致。分離的高牆都是被分離的意識建築出來的。

思想的形式

　　思考的過程中融入了不少因素。思考者形成思想，並且賦予它們物質和力量的能力，這才是最重要的因素。理解正確和錯誤，真相和虛假，實質和幻象，是非常重要的能力。許多重要的條件都會影響這個心理過程，這被稱為思考的過程。

　　每一個思想的過程，都是極具生產性的。所謂的生活，是從思考進化而來的。思考的過程是成型的過程。根據思考者賦予的個性，思想把自己安置於一種生命形式中。每一個思想產生一種有機的生命體，思想是極具創造性的，涵蓋了生命的各個階段。每一個生命的闡述，來源於一些思想。人類所懷有的一切可憎思想，都產生了各從其類的生物體。

錯誤的思想

　　錯誤的思想，意味著信仰不屬於上帝的思想和信念，是不正確的，在真理之中沒有根基。錯誤的思想，是墮落人類的意識產物。它是一種否認或邪惡，後者是諂媚者，完全沒有自己恆久的生命，其所有的存在，依賴於從母體中借來的生命。當它與母體斷絕連繫時，便一無所有。在神聖心靈中，不存在邪惡的狀況。諸如此類的狀況缺乏現實的根基，它們是錯誤意識的詛咒。顯而易見的邪惡是忽視的惡果，當真理現身之時，錯誤立刻消失。

　　人類擁有按照自己的意願，使用上帝力量的特權和自由。當他不使用時，便會造成不協調的狀況。這些就叫邪惡，因為人類沒有理解聖靈，所以邪惡出現在這個世界上。他可以透過學習正確使用上帝的力量來擺脫邪惡。如果存在一種邪惡的力量，那將無法被改變。

實驗

　　人類是自由的個體，他可以向神的智慧敞開他的頭腦，知道創造性的法則，或者可以透過試驗來探索。我們人類的精神位於實驗的舞臺上。在我們的無知中，極度地違背了法則，然後產生了巨大的反應，一種消極到解體的狀況。接著，在我們身上極度順服上帝的東西被喚醒了，然後我們尋找神的指引。

人類的種族已經形成了出生和死亡的法則、疾病和殘疾的法則，這些法則不承認除了肉體之外沒有其他存在來源。所有這些法則，形成了一種獨立或者脫離創造性思維的種族意識。當創造性思維試著在精神上幫助人們時，人類的頭腦抵制它，並且盡最大的努力以自己的方式尋求解決之道。

　　人類家庭很大的需求是精神控制，這要透過對心靈力量的意識獲得。

✝ 思考

話語

在純粹的形而上學的世界中，有一種而且唯一的一種話語，那就是上帝的話語。這就是最初的創造性話語或者存在的思想。在源頭，它包含了智慧、判斷、力量和存在的一切固有的潛力。

神聖心靈在法則下進行創造，那便是心法。首先是頭腦，其次是頭腦之中塑造行為的理念，然後是行動本身。在神聖心靈中，理念指的就是話語。

人是話語的終端，上帝完美的話語是聖靈之人。就是透過聖靈之人，一切事情都被完成。人是神聖心靈中的一種理念，這理念是人類性格的完好造型。

人作為神聖心靈的模仿者，擁有形成和顯現他視為典範的任何事物的力量。除非一個人的思想與神聖心靈相統一，並在運作中得到無限智慧的引導，否則他的思想形式是脆弱並且不堪一擊的。

環境和思想的振動

人類自我是聖靈的，當其與聖父的頭腦融為一體時，便具有了穩固構造的力量。即使是在不知情地運用思想的情況下，人的心靈也在形成條件，甚至改變自然本身的面貌。源自於頭

腦中的每一個思想，都會引起四周環境氣氛的振動，激發事物的發展。其效果與思考者集中精神力量的能力成正比。

　　一般的思想產生的僅僅是暫時性的結果，在緊張的大腦活動下，不管是不是穩固的狀況，都會被普遍的敏感底片所銘記。透過這個活動，他們被帶到了物質顯現中。

話語

　　每一個源於神聖心靈的理念，都被人的頭腦解釋。透過人的思想，神的思想被帶到了意識的外在部分。透過運行有關定義意識或者大多數的外在、行動等，思想發揮了和話語一樣的解釋作用。在成型的有意識的人或肉體之中，有一個話語的集中點。透過這個點，話語以一種隱形的方式被解釋。

　　遵循著其運行中創造性的法則，從無形到有形，我們就能懂得作為基礎性的神之理念如何被人掌握，如何用他的思想成型，以及如何在之後透過話語被解釋。如果一個人遵照神的法則，他的話語就能迅速發揮作用。在某種程度上，他已經失去了從其間到其外的創造性過程中的每一步知識。大腦的刪除和創造性的話語是力量，能激起本質可容納的智慧。當我們相信自己所聽到的東西時，在我們身上便形成了話語的實質。

話語和熱忱

來自熱心的人，其關於真理的話語，具備治癒和祈禱的活躍力量，因為聖靈照耀了他們。這就是他們能感動大眾，並且不會因為時間而停滯的原因。當散射出療傷性話語的聖靈熱忱是暢通自由時，他們便滋潤了人類的靈魂，同時富有創造性。

這就是為什麼先知和神祕主義者的言語，可以如此持久的原因。他們透過生命無形的流動，與偉大的聖靈相連接。他們內在的完美整體萌芽，使得他們持續不斷地增長。

上帝真正的預言，甚至不必寫下他們自己的話語。祂可能講出這些話，並透過其持久和成長的固有力量，來尋找到幫助和治癒人們頭腦的方式。除了在沙灘上，耶穌沒有寫下一個字，然而他的話語被珍藏至今，被視為我們所擁有的最珍貴的東西。

有生命的話語

真理的話語是有生命力在其中的，它具有恢復和形成完整的力量，它不會隨著飛逝的歲月無法消亡或成長。給予話語的個體越具有聖靈性，它們就越具有持久性，同時這些話語越是能夠有力地激勵人類，它們便越是能肯定地喚醒他們，走向神的本質。

依照世界的標準，耶穌的話是由地球偏遠角落的木匠傳授

給普通人的。然而，1900 多年以來，這些話依舊鞭策著人類去意識、去勇於、去做其他話語無法闡釋的事情。

內部的話語

耶穌所講過的話中，內在的話語創造了一切事物。我們知道祂的話因為具有生命的精髓而生動，一種活動的力量，將會證明他所陳述的真理。

這些話語已經響徹了人類的靈魂，同時因上帝持久的聖靈而燃燒。這是因為它們是聖靈的話語，內部具有神的生命和一個完美整體的種子，它們在所有給予自己空間的頭腦中成長。

聖靈法則

所有精神健全的人，都承認在自己的日常生活中遵守法則的必要性，其大多數都有一個人類的標準。現在整個種族正意識到存在的、更高深的源泉知識。更多的人每天都會關注他們生活中的聖靈法則。

我們在聖經中發現，在符號和直接語言中，不斷提到秩序是宇宙和人類的基本法則。所有的民族都注意到了這一點，尤其是上帝的子民。保羅說：「凡事都應按規矩、按順序行事。」

補救

在商業世界中，建議被系統性地採用，除非你對自己的需求有堅定的信念，否則你將承受許多無用的東西。其補救的措施，就是在聖靈法則中打造自我。你將受到這些法則中的一種或另一種的約束，無論是人為的還是精神的，你都可以選擇哪一個最好。

當你在頭腦中為神之秩序的顯現敞開門路時，藏於頭腦、肉體或者事物中的任何脫離協調的東西，就很容易被調整。

基督的降生

基督的降生是被提前預言和安排的，沒有被改變，在祂降生之前，祂的母親「放大」了神。這種說法闡釋了真理：從最開始就有秩序是必要之舉。使徒約翰（John the Apostle）的來臨是一個例子，有關於意識和法則的必要性，以及出生前文化的另一種陳述的產生。

相同的法則在我們的身體和事務中保留美好。話語的力量應該在我們的家中被體現，我們應該用聖靈之事的話語來包圍自己。如果此話語可靠，我們知道確實如此，應當透過眼睛和耳朵，來審查進入意識中的每一種信念。

建議

從解釋的發端起，話語就十分重要，法則不僅僅要在頭腦中滿足，同時也要在顯現中如此。進入頭腦中的每一個建議，帶來了在行動中的解釋。終有一天，在日報上刊登任何犯罪紀錄，或任何會引起讀者混亂的內容，都將被視為非法。我曾經讀過一個人犯罪的事，在他的口袋裡發現了一張剪報，描述了幾乎相同的犯罪行為。他的犯罪是源於建議的惡果，一份大型日報在講述恐怖事件時，傳達了多少此類的建議？

當在聖靈法則下運行的世界，變得越來越有秩序時，編輯們和出版社將不會問他們的讀者需要什麼，而是奉上他們視為

精神食糧的東西。同時，當人們被提升到意識的更高層次時，他們將會需求振奮人性格的閱讀。他們將會盡可能地謹慎考慮自己所閱讀的東西，當現在就開始關注食物方面時，他們對純粹閱讀的需求就像對純潔食物的需求。如果它違背土地的發展掺假，它將會在多大程度上更多地對抗造假真理的正確思考法則！我們可以依據聖靈明白法則和秩序的必要性。倘若我們要展示健康，比起清除食物中的有害物質，我們更需要謹慎地處理掉頭腦中的有害思想。

衣食

這個聖靈法則在食物和衣服方面是有作用的。如果我們考慮到秩序與和諧，我們對物質事物的品味就會改變。我們應當渴求最純淨的食物，我們選擇穿著的顏色也會更和諧。人類立足於所有的創造上，他有權利把自己裝扮得豐富多彩，處於聖靈的榮耀裡。沒有空氣，我們也能生產自己吃的和穿的東西，這並非幻想。我們可以從空氣中製造所需的食物和衣物，這不是理論的形而上學的假設，而是一種邏輯的結論，遵循上帝作為一切事物無所不在的源頭的理解。

若是你順著任何線條，都會感到混亂和不確切，那就把自己置於神聖心靈的秩序裡，每天確認撼動星星的同一個法則，在你的生活和事務中發揮著作用。

一種法則

所有研究過形而上學，並稍微了解心靈活動的人都認識到，存在著這樣一種優先法則，所有的事情都可以透過這個法則來解釋；同時也存在一種完整的心靈，是所有真正智慧的源泉和唯一的起源。首先是心，接著是心在理念中解釋自己，接著是理念使自己顯現。這是三位一體的真神：聖父、聖子和聖靈的形而上學陳述。三位一體的心、心的表達、心的顯現，到處都可以看到簡單的數字和複雜的組合。

我是誰

在英皇欽定版聖經中，希伯來語「耶和華」被翻譯為「主」。主，意味著一個外在的統治者，聖經學者說耶和華的意思，是自己存在的一個人，是我。然後取代讀成「主」，我們應該讀成「是我」。無論我們想到的是「是我」（內在的自我存在），還是想到「主」（外在的主人），這都有很大的不同。

所有的聖經表明。耶和華意味著僅僅是上帝告訴摩西的意思：是我。所以無論何時你閱讀時，說成「是我」而非「主」，你將會對耶和華是誰，得到更加清晰的理解和意識。

以色列人將上帝視為耶和華・舍拉姆（Jehovah-shalom）：「我是和平」，你可以透過保留此觀點，來陳述心靈中的平和。

假使我們開始任何此類的陳述，並且試著把「是我」運用於

私人個性中，那麼我們就落伍了。這是在執行所有形而上學，被認為是根基上正確的法則中，缺乏結果的起因。

頭腦無法在最大程度上理解「是我」，也無法辨別出存在於人的全知、無所不在的東西。這個意識必須是有修養的、文雅的，每個人都應該意識到「是我」的存在。這種意識來源於禱告和對真理的深思熟慮。在真理中，只有「是我」、耶和華、是我的無所不在，是永恆的完整和完美的。

如果你把耶和華‧舍拉姆保留在心中，以一種極大的平和來持有，那麼你將會感覺到一種意識，和諧的寧靜，這是其他人無法理解的。這種意識可以自我療傷，它必須能被感覺到、意識到，在你的超級「是我」可能發揮力量之前，透過你的個體來被證實。然後你將會知道自己已經觸摸到一些東西；不過你無法告訴別人它是什麼，因為你已穿越了話語的領域，並與神的起因相融合。這是你透過話語的力量來對自己神性的提升。神的本質都在我們這裡，等待著我們透過對「是我」這個力量和才能的意識來解釋；對耶和華‧舍拉姆，即為「我是治癒他的人」。

內在和外在

我們應該總是在「是我」運行的基礎上，思考聖靈法則。人類有可能利用「是我」的力量，並以外在的方式應用它，而忽略了真正的聖靈法則。我們宣告人類可以使用「是我」的權利，來

恢復健康並且帶來更多的快樂；事實上，透過對「是我」公正、合法地使用，一個人可以得到他渴望的所有。可是，一些人以一種物質的方式使用這個權力，忽略了靈魂的本質，建造了外在，卻沒有在至高無上的心靈和外在的表現之間，邁出中間的一步。我們必須記住，靈魂一定要和身體一起生長。例如，有一個人幾年前遭受了身體殘疾和失明的打擊，在此絕境中，他向聖靈法則尋求幫助，並且非常忠實地在精神上應用它。過了一段時間，我再次看到他時，他的身體狀況沒有改變，但精神卻發生了巨變。他已經找到了啟發，並且內心充滿喜樂。他明白自己成了瞎子，不過他的家人卻認為，他對真理的所有依靠都是失敗的，因為他的視力依舊沒有恢復。這麼多年來，他經營著自己的生意，事業蒸蒸日上，而且他的家人被照料得很好。他曾經也有一段時間，因為眼睛沒有被治癒而感到失望和叛逆。後來他卻變得喜樂，因為透過禱告和沉思，他找到了內心的光亮。當他真正地把心靈和身體相連接時，他將會重見光明。

如果你曾經因為無法展示健康或者成功而感到失望，那麼保持內心平和，明白你虔誠的禱告和沉思，正促進自身靈魂的成長，而這種成長將超出你最大的希望。

心甘情願地去追尋真理，然後靜觀並順服，比被嚴苛的精力強迫著去信服，要容易得多。若我們順服於拯救我們的真理，那麼就沒有必要經歷艱難的歷程。每天的時間應被用於禱

告和默想，沒有這些東西，我們無法成長，忽略這些方面的
人，將無法成功地發展他聖靈的力量。

統一性

在你意識到理念的強大力量之前，必須先將它們統一起
來，所有的都必須整合在一起。在神聖的秩序中，獲得你的理
念，一種強大的思想力量將會立刻為你所用。神聖的秩序對於
身心的建設是必要的。這種神聖的秩序就是基督經常所指的「天
國」。為了達到心靈的統一與和諧，，我們有必須擁有對真理的
完美陳述，以及在思想和話語上依附於它們。

理念會透過四周的環境改變人生的歷程。基督擁有神的一
系列理念，如果我們信仰追隨祂，我們將會獲得基督的心靈。
透過進入絕對心靈，我們變得志同道合。在絕對心靈中只有
和諧。

當人類將自己的心靈力量整合起來的時候，他的肉體便被
帶入一種全新的協調狀態中。如果他沒有證明這個原則，那是
因為他沒有與這偉大的心靈相融合，沒有按照應有的方式解釋
自己的思想，因為他沒有意識到其間的完整性。

透過基督來決定成為追隨上帝的人。把你自身與祂相融
合，你所有的話語將會變得協調一致。保持警惕，看到和諧無
處不在。不要誇大表面看到的差異，也不要保持任何微妙的區

分，而是持之以恆地聲明普遍的和諧統一。這將會保證完美的儀式和整體性。基督思想作為統一性的原則，佇立於此。我們必須相信這個思想作用於我們，同時我們要明白，透過它，我們接近了聖父的思想。在聖父心智的意識中，證實了上帝和人類的統一性。

禱告

　　這是絕對不可能的，上帝竟然創造了一種遠遠比不上祂自己的生命，以至於把它從追隨祂的範圍內移除。在祂明智的時刻，人類知道這是不合邏輯的，是虛假的。正是一個人對上帝崇高的敬意，和對自己輕視的信念，建立了隔離雙方精神的高牆。

　　如此，人類必須理解上帝的本質，透過神的本質喚醒自己，來影響他有意識地與上帝的統一。上帝既是聖靈，我們是這種聖靈的繼承者。上帝是思想，人類是思考者。上帝是生命，人類是生靈。上帝是物質，人類是其形式和形狀。上帝是力量，人類是充滿力量的。上帝是智慧，人類是明智的。上帝是愛，人類是有愛的。上帝是真理，人類是真實的。

　　上帝的意志，是祂所具有的所有潛力的珍貴領域，在其間埋藏著一個人可能需要的滿足性。我們首先需要知道的是，在我們的靈魂中有一個空間，於此我們可以有意識地與上帝相約，把大量新的生命力同時注入我們的頭腦和身體中。一個人能夠正確理解人與自己潛力的關聯性，他的靈魂將會具備無限生長的空間。

本質的聖靈

將人與其源頭結合在一起的，是神的道。在最高的意識中，一個聖靈的臍帶把我們和聖母連在一起，從中我們感受到了生命不息的流動。因為人類天生的感覺，知道從哪裡獲得幫助。在神的道裡，是活著的力量激發了人類的靈魂，並且允許他發展潛在的力量。

靈魂激勵

上帝可以用來解釋自己的最高途徑，就是透過人類。從微粒到太陽的所有成長和展露，都以靈魂激勵的法則為根基。人類在靈魂中對上帝的極度渴望，便是上帝極度渴望透過人類來表達自己。在人身上的聖靈持久地發揮作用，是的，穩固地、持之以恆地運行著，把每一個頭腦和靈魂中的自然衝動，轉變為一種對生命聖靈的意識。祂正在努力地致力於，去滿足人類對物質和智慧的內在渴望，這樣，就擴展和豐盈了其靈魂和身體的意識，提供了一個更加圓滿和完美地解釋神聖心靈的機會。

渴望

對聖靈的成長而言，深度的渴望是必要的，這亦是靈魂不斷演變的向前動力。它從內到外構建，同時就像一個必要的推理一樣，負載其滿足性。在上帝的安排下，人類在任何地方

的渴望都會被滿足。如果這不是真的，那麼宇宙將會在核心處變弱。

真誠的渴望是禱告的一種形式，這禱告是靈魂對生命、愛、光等的衝動或渴求。它是對一種隨處可見的、向上的本質趨勢的有意識解釋，真誠的強烈渴望，會幫助整個人類擺脫死亡和短暫的歡愉，進入值得感激的力量，並得到真正的聖靈的祝福。

沒有渴望、真誠、靈魂和聖靈在內的禱告，將會毫無成效。因此，當在神的面前用響亮的話語說出渴望時，你就正在智慧地使用上帝的至高法則，把它已經賜予你的東西顯現出來。

精神品格

我們發現禱告是涉及到許多方面的，你僅僅是請求還有接受。我們必須祈禱相信自己可以獲得需要的東西。禱告同時是祈求和證實的過程。在寧靜中的默想、集中、否認和證實，是用來粗略地定義禱告的所有形式。

透過禱告，我們可以培養品格的最高階段。精神品格的塑造是由內而外的，它寄居於人身上，是上帝已經刻在人類靈魂之上的東西，準備透過人的精神努力來發展，這是一種超越人類想像的、有條理的勝利力量。

人類透過有意識地在上帝的意志中運行，來打造精神的特

質，在那裡保留著心靈的理念，他意識到了其所包含的真理。這樣，他就把它們放置於靈魂的意識中，將其變成本質的一部分。

意識的一致

一直以來，人類做出精神上的努力，來感知意識方面的一致性，真理的所有榮耀都在那裡永恆存在。事實上，禱告是人不斷努力認識神的過程，他可以透過把注意力從物質世界轉到對心靈的思考上，來有意識地與心靈連繫。透過禱告，一個人可以與上帝建立密切的關係。

把我們的思想和上帝的思想合二為一的能力，造就了一個偉大的人。當人類喚醒哪怕是一點點合作精神的意識時，他就成為了上帝的共同創造者。與精神有部分意識的統一，也有與精神完全意識的統一，然而，無論什麼時候人類把自己的思想與造物主的思想全部融為一體時，那他便處於一種所有禱告都能實現的意識中。他發現他可以適應生命中呈現的任何狀態。

每個人都應該禱告，禱告改變的不是上帝，而是我們。

有效率的禱告不會煩悶，已經把自己的靈魂和上帝的靈魂聚合的人，肯定不會遭遇困惑或煩悶。痛苦源於分離的結果，以及回歸無所不在意識的努力。

接受馬上開始練習禱告的催促，透過此與你的靈魂源泉相

連接，在禱告中你能意識到這個源泉。當你練習禱告時，內在的聖靈將會把生命的能量，傾注於你的意識頭腦中，隨之而來的，是一個偉大靈魂的擴展。

在禱告中，你必須與上帝面對面，意識到你正在獲得是真正答案的內在保障。你絕大多數的禱告，都是超越所有意識的時間和空間而實現的，在這樣的狀態下，你會自動地與聖靈相連接。當你把自己的意識托舉到聖靈前面時，上帝的存在變得對你有意義。上帝的存在是持久不變的火焰，是一種生命之火，存在於在每一個細胞裡，使你變得活躍。然後是淨化，直到你每一點都變得完美。在對真理深入的意識中，你意識到了在自身發揮作用的這團持久火焰。

在這種合一的狀態中，你將會逐漸意識到崇高和力量。上帝用聖靈的理念創造了你，這種理念是整個人類發展中的必須因素。

興趣

在禱告中，我們應該懷著怎樣的態度和興趣來接近神？如果我們立刻知道自己將會被領到神的面前，那麼我們應當持有多大程度上的心靈期待？毫無疑問，我們以單純的思想來看，應該對此感到興奮。當我們接近神的時候，讓我們感覺到相同的強烈興趣、相同的關注吧！這將增加我們接受真理的意願。

詢問

在這個物質世界中，理解表明，禱告絕非只是向上帝尋求幫助。事實上，我們已經變成了禱告乞求者的族群。但禱告不是懇求或者乞討，它多於懇求，懇求是軟弱的。不要懇求或者祈求上帝賜予你需要的東西，禱告只是詢問，我們所知道的東西正在我們聖父的手中等著我們，是一種存在的證實。

當基督建議詢問我們想要的東西時，他在指導我們應該堅持自己的需求。那些忽略人與上帝連繫的人，好奇我們為什麼要詢問，並且強求提供給我們一切東西的上帝。當我們察覺到上帝是一個偉大的思想水庫，必須分接人類的頭腦，同時要透過祂的思想和話語注入能見度時，以上說法就可以被解釋了。若是人類的頭腦中塞滿懷疑、懶散或者恐懼，那祂就必須透過持久的叩門和詢問來開啟這扇門。在禱告中請求一種能夠與數學家處理數字的專業知識相同的提問能力，你就會得到相應的回應。

毫無疑問，在耶穌的教導中最突出的一件事，就是禱告的必要性。祂為最小的藉口禱告，或者以這樣的方式祈求上帝的存在，祂禱告一些不需要上帝介入，人類也能自行處理的事情。懷疑論者經常會問，假使祂真的是上帝的化身，那祂為什麼如此頻繁地求助於一個明顯更高的上帝？要想智慧和真實地回答這一疑問，我們必須理解人類的構造。

在每一個個體中都會存在兩個人，外在的人是內在的人用心靈所描繪的畫面。心智是通往無限存在原則的大門。當耶穌祈禱時，祂正在運用他個人的各種力量來實現某些結果。祂的身分是屬於神的；沒有「他」就是人性。

有目的的禱告

當我們禱告時，讓我們帶著目的去禱告。目的給予生命真正的意義，目的給予生命歡愉和熱情，當我們的眼睛專注於一個目標時，我們就不會輕易變得煩躁。目的喚醒了新的思想列車，指導著這些列車進入成就的新領域內。為了成功，我們的頭腦中必須有一些偉大的目的，以及一些我們去努力的方向。最重要的是，我們必須始終在心中樹立目標，以實現精神上的成就。當我們研究偉大的存在和力量時，我們逐漸知道，在生命中沒有一個篇章是如此失敗，然而其背後有著宏偉的目的，這目的最終必須在一些地方，以一種最聖潔的方式獲得。

與上帝的交談

禱告是上帝與人類交談，這交談發生在人類靈魂的最深處，是淨化和完善意識的唯一途徑。

禱告是已知的最高速心靈運動，它啟動心靈的運行，直到人類的意識與上帝的意識同步。這是聖靈的語言，隨著開發，

禱告使人掌握了創造性理念的領域。

　　正如以所有的方式，我們尋找神的幫助，可以自由地使用我們選擇的話語或者根本不透過語言。然而，對一個人而言，理解真理時，禱告應該是存在中的一種證實。如果已經存在，那在證實的禱告中什麼是必須的？為了實現這些，話語的創造性法則必須被滿足。你所真誠渴望和堅持證實的東西，將會屬於你。

沉默

　　我們所知道的、最高級的禱告形式，是安靜地進入靈魂的居室中，閂上日常生活的外在思想之門，尋找與神的有意識的統一。禱告是人類逐步認識上帝的過程，我們透過禱告獲得了與上帝的一種密切連繫。沉默的目的是震驚個人思想的活動，以便於可以聽到上帝鎮靜細微的聲音，因為在沉默中，聖靈對我們訴說了真理，只有這種真理，是我們需要的。

　　當進入沉默狀態中時，閉上眼睛和耳朵，走向內心的上帝，在話語中保持頭腦的穩定，直到照亮整個內在的意識。

　　想想上帝釋放出的偉大的振興力量，以你自己的意識融入上帝的意識中，保持話語的穩健，直到你獲得了聖靈的意識，同時滿足頭腦的邏輯。

　　要意識到在沉默中的理念，就要把它置於和生命、物質以

及智慧所在的地方；要意識到一個禱告，就要實現它；要意識
到它裹著靈魂的聖衣，直到存在著滿足。

在禱告的話語中有一個生命的種子，這種子主導孕育心靈
的土壤，最後結出屬於它本質的果實。

智力和聖靈的沉默

人類對上帝的概念，造就了禱告的理智性和聖靈性。在純
粹理智的沉默和建設性的理智中，存在著巨大的差異，後者總
會給予靈魂的勝利。理智型的沉默，在力量中是有限的，是人
的所有注意力都被固定在智力上的沉默。這種智力認為其力量
是至上的，儘管它是神奇的天賦，不過它只是真理中的精神工
具。這種智力總會繁忙，從一件事情跳躍到另一件事情中。大
多時候，它都在關注著工作日的日常生活或整個世界的狀況。
科學沉默的第一步，就是止住這些外在智力的思想，以便於意
識能夠屈服於內在的精神。

禱告將靈魂從所有過去和未來的錯誤中拯救出來，在禱告
中，我們被引導著不要去懷疑、不信任和嫉恨別人，而是去用
我們所有的精神、靈魂和力量去愛人。我們去合作，而不是耗
費生命，掙扎著與成千上百的人在同樣愚蠢的戰爭中鬥爭；我
們保存建立的事物，而不是浪費精力在拆毀上。禱告向人類展
示了如何去愛、如何去愛生命的亞當，如何去愛生命的活動。
在這種意識的狀態中，人類便自覺地捨棄智力的重擔，進入了

真實生命的自由之中。如果想要滿足科學禱告的需要，人類必須擁有聖靈的能力去認清生命的完美形狀。

透過平靜人的心靈，透過傳送智力沉默的原則，人類達到了上帝工作的入口，存在的入口。當他通過內在的居室，發現自己正在進入聖殿的神聖中，那裡沒有喧鬧、寂靜，一種偉大的工作在繼續，上帝在鎮靜自若中工作。

當人類在自己的禱告中，以一種對真理證實的形式，在心靈中穩健保留禱告，有意識地把自己的思想和上帝的思想統一，來到上帝面前時，他透過整個靈魂和身體的意識，將自己推進推出，依據他的信念和信任，以及接收到的力量和權力，照亮、救贖、還原他，他只意識到上帝世界中的無聲。

默想

持續默想神話語中所包含的真理，會開啟心智，讓聖靈有更大的流入。當我們把默想放置在自己的認知環節上，我們便進入了一個更高的精神狀態，或一種崇高的心靈狀態中。在那裡，我們接收到了關於聖靈的更高、更清晰的設想。當透過每日持續地默想真理的話語，並遵循上帝的思想，真理的每一個信徒，便建造了基督的身體。然後所有的話語加速了生命，滋養了身心。

注意力和集中力

在禱告中，注意力是指將思想集中在真理的陳述上。人類可以獲取真理的話語，並透過「專一」的心靈集中，結合他的意識與上帝的心靈。他可以保留一種有意識的禱告，直到它包含的真理注入到每一個靈魂中。透過注入的話語，他變成一個擁有強壯、積極精神品格的人。

注意力是把「是我」或者內在的個體，集中在禱告的話語上，直到實現內在意義，並且靈魂意識到明確的精神提升。當透鏡把太陽的光束集中於一點上的時候，我們知道那點光可能會變得多麼強烈。同樣，注意力的集中，將精神聚集在一種理念上，直到它變得顯現和客觀。在集中的過程裡，聖靈透過神的最初物質運行，帶來了神的思想果實。聖靈是老師，老師和學生使用相同的原則，可是老師激起和激勵學生取得更大的成就，聖靈催促著我們走向偉大的心靈成就。

當我們把精神引導到一種確切的理念中時，信念發揮了作用，它包含在集中和專注裡。當我們透過頭腦集中地關注理念時，我們便進入了更精細的精神活動境界。

意識

在精神的沉默中，人類的意識被建立在心裡，同時確信他的禱告收到回應，證明的法則結出了果實。這意識不僅僅被寫

在靈魂裡，也在智力中。理智總會領先於其內發生的事情，有能力保留自己的觀念，並相應地解釋自己。這樣，智力服務於聖靈，而且當它展開時，它變得越來越像聖靈，它在行為和真理方面變成了上帝的儀器。

意識是一種理念滿足的深處說服力和確定性，意味著專一、完成、完美、整體、安詳，安息於上帝中，它是意識中的真理的破曉。當意識發生時，它在上帝意志的光芒裡集聚。它是內在的說服，禱告已經靈驗，儘管還沒有外在的顯現。

至高的意識是與上帝的統一

建設性思想的力量，是偉大和有威力的。當在靜默中意識到這一點時，它便成為整個地球上唯一的一種力量，對此的理解使得一個人擅長科學的禱告。

禱告和信念

對於相信我們已經得到的而進行禱告，這是有必要的，因為上帝是我們渴望的一切。美好的東西總會作為理念存在於神聖心靈中，我們透過信念、確認、讚揚和證實的禱告，使其顯現。

帶著靈魂深處的沉靜，首先聆聽信念固有的聲音。人類透過不斷地意識信念，建造了信念的持久狀態。這樣來自於人的啟發便獲得了，作為一種用響亮的話語表述的對聖靈的理解。

信念來源於物質。當人類證實他與全能的神統一，以及對其力量的無畏信念時，動態的、創造性的、轉變的力量，便會喚醒聖靈的行動。

人類不僅必須遵循和順從神的法則，而且必須意識到祂是宇宙統治者的繼承者。當向上帝詢問在神的法則之下屬於聖子的方面時，人類應該設想耶穌的力量和尊嚴。在一個虛構的、坐在寶座上的王面前，祂不應該匍匐畏縮。相反，祂應該感到自己是一種隱性的存在形象，這存在者創造祂去代表祂的偉力和慈愛。

信念的禱告不是懇求，祈求上帝施捨人類。最高境界的禱告，是透過信念進入到頭腦力量的領域中，正確的連接，改變了頭腦和身體中每一個細胞的品性。

信念，即對更高的供應源頭的堅信，建立在精神邏輯或者內在固有的原理基礎上，確定一種完全明智以及完全有力量的造物主的計畫中，包含了為其後代提供必要的預備之物。當一個人從人類意識的局限性中顯露出來，並感覺到了他內在激盪的聖靈，他就會發現聖靈已經提供了他供給物和支援的說法，是極其有邏輯和正確的。

當我們獲得禱告的精神意識，和滿足了最深處的靈魂，我們便確信在聖靈中的事情被完成了，同時必將顯現。我們可能繼續自身對信念的意識，直到整個信念的回應和即刻的證明發生。當一個人不是太確信他的禱告會得到回應時，他的禱告是

沒有結果的。當人類全心全意地向上帝求助，充滿信念的禱告就會結出豐盛的果子。因為充滿信念的禱告是神的愛之活動，讓我們不要終止禱告，明白上帝聽到並回應我們的請求。

信念是聖靈的火焰，信念向一種內在的意識敞開了門，在那裡我們穩健地保持著自己的話語，直到聖靈的物質回應我們。追尋著這個流程，真誠、平穩和持續的專注，注定會在豐富的衡量中帶來聖靈的果實。對聖靈的一種平穩的、沒有波動的傾注，開發了我們至高的品性。

禱告和讚揚

讚揚是歌頌美好事物的一種心態，它是精神表達的一種方式。讚揚的目的是喚醒我們對上帝的無處不在和力量的更高層次的意識。讚揚和禱告改變了人，而非上帝。讚揚所建立的心理態度，會刺激、加速、轉化為行動，最終在性格中建立了一種作為媒介的理念。透過心靈行動的內在法則，我們增加了自己所讚揚的一切。透過總是懷著對萬事萬物感恩的心，來得實際應用讚揚法則。

禱告和喜樂

還沒有人知道生命中所有的喜樂，直到他對與聖靈交流有全部的理解。沒有人知道生命的豐盈，除非他在溫順和感恩中

禱告，並且接收到了聖靈甜美的、純潔的意識。真正的和持久的喜樂來自於內部，內在深處的生命和本質，只對那些在聖靈上滲入源泉的人顯露。

假使你用聖靈的喜樂來哺育靈魂，那你必須意識到它們，並為了更加豐富的生命而感謝它們。然後你就會發現，一個偉大的生靈之水的潛意識水井，將會在你的靈魂中湧現，你將會逐漸知道迄今為止，你一直生活在生命的陰影中，而不是在其偉大的深處。你將會享有所有事物的統一認知，和內在進步的寧靜以及協調。

如果不了解神是喜樂的神，就不可能在內心找到持久的堡壘。就是透過對這個真理的意識，我們暢飲生命的美酒。通常，即使在一些平靜的、嚴肅的時刻，靈魂也會因為一些新生的、愉悅的期望而激動。在禱告中，每一個走進我們至高境界的意識，都能鞏固我們取得更大的成就。

真理禱告的狀況

對真理禱告而言，有七個必要的狀況：

1. 應把上帝視為聖父。
2. 保證與上帝的統一。
3. 從內心的出發來禱告，並在「祕密處」進行。
4. 必須斷絕外部世界的所有思想和興趣。

5. 禱告的人必須相信他有所收穫。

6. 在所有事情中，首先應該渴望和追尋的東西，就是上帝的王國。

7. 頭腦中必須釋放所有無法原諒的思想。

真理自我證明

真理必須被證明，它自我定義。真理是在心靈純粹邏輯中真實的東西，不管外表如何。我們可以談論真理，寫書來描述真理，但是必須意識到真理聖靈的無形智慧。真理是活躍的、創造性的能量，由無所不在的神聖心靈建立，它現在就在這裡。

透過對真理的認識，我們進入了真理的聖靈意識中。我們透過禱告和證實，進入了聖靈之中。

真理證明了它所有的定理，基督代表著真理，祂是真理，必須喚醒所有的注意力集中在祂的工作上，以便於證明自身的權威。基督將教義的所有權威，都交給了真理的聖靈。

正如耶穌基督所證明的，真理是恢復的力量，把所有的事情恢復到神的秩序中。錯誤的東西已經摧毀了自然的世界，包括人類。人是神的顯現，若是他不能證明神之生命的完美結構，那麼某處就會被毀壞。基督證實了，真理透過恢復完美的秩序和完整性來證明自己。

知道真理

當你「知道真理」在物質中、生命裡、力量裡、愛裡，以及在所有的品格裡，你的身體將會證明它。你的眼睛將會接受其視力，耳朵將會敞開，你將以前所未有的方式行走，同時，你身上

可憐的、塌陷的、空蕩蕩的精神，將會有「好消息」來傳教。

基督的意思並非意味著，那些在世俗事物上貧窮的人將會聽到福音，而富人卻沒有。它的意思是，那些在精神事物上貧窮的人，會因為他們開放的思想，而熱切地接受真理的話語。

真理在沒有被理解之前，是無法證明自己持久的力量的，那就是為什麼基督從死亡中救治的人又死掉的原因。真理的命題必須被想透和實現，才能被完全地證明。許多人被死記硬背關於真理的課程迷惑了雙眼，在生活中理解和展示的一個真理陳述，比許多關於真理的教訓和陳述更有價值。每個心理過程都涉及大腦活動，而靈性知識需要最深刻的思考。

直覺的東西

當我們思考、默想時，我們內心的直覺告訴我們，什麼是真理。當我們帶著開放的心態，傾聽存在者自己的話語時，上帝便顯露自己給我們每一個人。「這是在人身上的聖靈，是神的呼吸使得他理解。」

你可以分析上帝，你有這個權利。人類已經被告知，他們是貧窮、虛弱和愚昧的，有限的東西無法理解無限的。內在的邏輯和真理的聖靈證實，在神聖心靈中不存在偉大和渺小。

人類是無所不在的唯一心靈的後代，他有能力認識這心靈，他有力量去知道自己是作為神聖心靈的見證。結果就是所

有人類都可以知道和理解上帝，神聖心靈透過真理的聖靈向我們開啟，這種理解掃清了所有關於個性、愚昧和迷信的迷霧；以及所有我們抱持的、關於上帝和人類性格的錯誤觀點。當你用自己的「是我」時，你將洞察關於自己和上帝的這些，已經把你從真實的存在中剝離的局限性概念，真理的聖靈將會向你開啟更深層次的理解。

朝向完美

我們知道宇宙的趨勢是朝向完美發展，每一件事情都在爭取完美。這些最初的力量來自何方？我們說它來自自然，而自然是上帝的另一個名字。神的完美性，使得宇宙中的萬事萬物都幸福和愉悅，這是好事情。所以我們在直覺和邏輯上，傾聽自己更多高層次的原理，得出的結論是上帝是好的。這是第一個假定和關於真理的結論：上帝是良善的，良善就是一切。

不管表面如何，你能夠堅持那個定理嗎？如果可以，真理的聖靈正在你體內發揮作用。你將會發現，當自己宣稱這個真理的話語時，將會有成群的魔鬼面孔進入腦中，還有外在的和內在的聲音，將會對你說：「是的，當然，上帝是精髓，在聖靈中遠離了天堂，是好的；但是也有一個魔鬼的世界，看世界中的魔鬼，看人身上的魔鬼，觀察你自己身上的邪惡傾向吧！」但是，在面對所有的錯誤時，你必須證明，「上帝是良善的，良善就是一切。」

上帝是全能的

然後你必須要抓住無限美好的另外一種特性:「上帝是全能的」,現在,記得神聖心靈是由理念構成的,在它可以呈現真理的全部性之前,這些理念中的每一個都被推入人的頭腦中。這樣,如果我們發現自己在證明美好的全部性有弱點時,我們必須堅持這好的是全能的。它和魔鬼似乎多麼強大是沒有任何區別的,你必須堅持真理。窮人、瘸子、瞎子和病人無法反駁這個定理。我知道上帝是良善的,良善就是一切,良善是全能的。堅持這種認知,將會治癒所有明顯的邪惡。

把這個理念增添到你的頭腦中,你將會發現某些清晰、聖靈的感知,以及獲得一種你從未有過的力量,因為你對真理的聖靈是忠誠的。帶著好的全能意識,所有邪惡和壞思想將會立即被摧毀。異常熱誠的基督徒對這種理念如此著迷,以至於他們給予上帝魔鬼般復仇的性格,而不是良善的精神。

愛的精神

在這裡,所有的基督徒應該知道,神聖心靈中最偉大的理念是愛 —— 上帝是愛。

當愛的精神開始在你身上產生作用時,一種緩和性的趨勢,接著是原諒的恩典和上帝的愛,將會傾注於你的意識中。靈性思維發揮作用的最確切象徵就是饒恕,你將會愛那些故意

惡毒地利用你的人，你將看到精神上的團結，並且努力在世界上建立它。如果上帝毀滅了所有的邪惡之人，人類將會變成什麼樣子？為什麼？因為我們中能夠留下的寥寥無幾！我們應該像為禱告書寫的人那樣：我的妻子和我無法融洽相處，請善待她。

不要讓毀壞性的理念、在地獄之火中燃燒的理念，以及持續地毀掉所有的壞人的理念，進入你的真理計畫中。上帝正在維持祂的宇宙，祂救贖它、教育它。倘若我們在克服的過程中，符合這種耐心的再生過程，就必須把上帝的每一個品性，視為透過基督對我們的啟示，同時把它貫徹於神聖心靈的正確秩序中。

身體的建構

真理是治癒的力量，真理建造了人類，真理恢復了身體。一些基督徒尚未真正地領悟這些，當耶穌基督被指控透過撒旦的力量來醫治時，他把注意力集中到這個論點的矛盾處，即「房子自我分解」。然後他特別提請注意上帝的復原力量，上帝是唯一的美好，治癒了人的身體，祂不是疾病的創造者。

上帝不是任何形式的魔鬼創造者，而是健康的存在者，所有的健康都源於上帝。

不赦之罪

在真理中不存在一個像「不赦之罪」一樣的東西，不過當我們將自己的苦難歸因於上帝，相信這些苦難是出於某種美好的目的，而降臨到我們身上時,，我們就犯了一種叫做所謂的「不赦之罪」。如果你認為你已經犯了這樣的罪，只要記得赦免此罪的唯一途徑就是走向上帝，尋求祂赦免你認為祂是魔鬼創造者的思想。

你必須在頭腦中清晰地認知上帝的美好，這美好延伸到你的每一個部位。倘若在你身上有任何邪惡，這是你自己錯誤思想的結果。不要用你任何的壞運氣、失敗或者缺點，攻擊上帝，甚至一刻也不要認為，上帝把這些東西給你，是為了教訓你。

很多人，好人，基督徒，謙虛地坐下，宣稱上帝透過一些嚴重的身體疾病，給予他們一些啟發，這是嚴重的罪。要是你繼續那種心態，上帝如何原諒你的錯誤，把你帶回祂的王國？你可以發現，所有堅持這些信念的人，都無法得到上帝的赦免。

改變你的想法

你必須改變你的想法了，你必須體認到，良善的神只表現出良善。真理在真理中證明自己，要知道上帝是無所不在的美好，當祂就如同美好的聖靈一樣占據了你存在的每一個部位時，包括你的肉體，然後從那一刻起，真理的聖靈將會樹立建造你。祂恢復你的聽力，強壯你的眼睛，治癒你的瘸腿，讓你

身體的每一個部位都變得完整。

不要捨棄上帝是他子民的健康這項主張，上帝是無限的生命，保留聖靈，在生命的每時每刻證明祂。

那就是在今日的世界正在被宣講的東西，我們不能擺脫一個人生命無所不在的理念，沒有任何別的東西，除了上帝，我們不尋求另外的東西。我們知道真理的聖靈在這裡，祂總在這裡，我們把自己的臉轉到了另外一個方向，而不是真理的聖靈。其實聖靈就在你身上，就在你這裡。除非你證明了祂的存在和在你生命中的力量，否則你永遠不會有內心的平和、任何方式的成功、健康的身體、任何令人滿意的東西。

現在想想這個不是很好嗎？我們都在為某種理想而奮鬥。我從來不認識一個內心深處沒有理想的男人或女人。每個人都渴望超越目前的成就，成就一些東西。我現在告訴你，除非你與上帝建立夥伴關係，否則你永遠不會實現這個理想。你必須知道存在的真理，必須在每一種思想和行為中遵循真理。然後你將會成功，將會得到滿足，將會知道真理的聖靈在人身上證明自己。

滿足的祕密

我們從聖經中看到的許多章節沒有被實施，因為我們只是把它們適用於死後的某個時間，而非現在的生活中。這些被誤用的其中一個原文是這樣的：當我清醒時，我將會因為觀看的形式而感到滿足。無所不在的意識為這種陳述注入了意義、實質和力量。

這段經文中所解釋的真理基礎,被寫在聖經的最前面,「然後上帝說:『讓我們照著自己的形象、樣式造人』……神看著祂所創造的一切,都甚好。」

去喚醒這種與上帝相似的意識,是滿足的祕密。喚醒的程度衡量著滿意的程度。

迷失,只是沒有意識到人身上神的完美性。這種意識的狀態是愚昧、黑暗、不滿足、恐懼和所有被地獄刻畫的東西。要從這種狀態中被拯救出來,並且進入天堂或者神的和諧,唯一的方式就是透過基督,這完美的人,上帝的形象和樣式,其獨生子,人類真正的自我。

覺醒來源於真理話語的甦醒力量,理智的人處於許多錯覺之中,所有這些錯覺,都源自於對人類真實性格的巨大誤解。關於他的真理將會賜予他自由。

智慧一定是人類的性格,因為他是上帝的形象和相似物。如果一個人沒有展現智慧,這僅僅表明他沒有意識到自己的真實樣貌。一個人必須選擇是否將自己從認識到的真正自我中區分出來,或者從他不知道的本質的、常識的人中分辨出來。

選擇

人類並非總認為選擇的責任屬於他們的許可權。選擇一個你信任的日期;在面對否認你的表象時,選擇耶穌並透過認同

自身與祂服侍祂。這個過程將會把甦醒的真理之道帶到你的意識裡，你將會被這話語激發，在基督中獲得新生。

你曾經看起來的那個樣子將不再出現。當你覺醒到新的人的意識時，神的形象和樣式就會顯現出來。這全新之人並不是立即出現，他的相似物將以絕對完美的形式，被保留在頭腦中或者根本不再出現。證明人身上存在著所有的智慧和理解的最好方式，就是相信它是真實的。在進入基督意識前面的步伐中，都是關於信念的。智力的、理性的頭腦，認為它可以理解，只要有人向他們解釋真理；但是它似乎從未理解。

證明這一點最好的方式，就是汲取一些不清晰的真理陳述，保留在頭腦中。話語的力量將會加速理解，內在的光亮將會閃爍，這就是聖靈認知。

相信話語的復甦力量，把它保留在頭腦中，它將會顯露自己，包裹在話語中的是它的含義，你，身為上帝的形象和類似物，若是把你內在的意識與它相連，就能理解它。透過把它種植在意識中，等待果實，任何人都可以證明話語是種子。

永生

任何的永生不會開始，也不會結束。除非我們看到它沒有開頭和結尾，我們才會得到永生的意識。基督的話語幫助我們覺醒，生命的相似性從未開始。

永生的證明為每一個人敞開，可是它不能由任何認同個人及其有限生命概念的人來證明。只有意識到自己是上帝之子的人，才可以獲得永生。

在人宣稱他所喜愛的事情時，自私占有一席之地。沒有人會為私人的愛而感到永恆的滿足，它的果實酸澀，結局是死亡。這話可能相當難聽，卻是事實，我們最好在愛的宇宙中立刻覺醒，這其中有完美的滿足。

滿足的希望

我們正從夢想和對個人親屬關係的虛假希望中醒來，進入上帝之愛的狀態，在其中，我們會感到歡心以及博愛的滿足。

這種以上帝的形象覺醒的想法，以一種我們設想為完全是上帝品性的方式體現。它將使我們擺脫消極的狀態，去思考祂的力量和堅強，意識到在這些品性中的相似。在實質上與其相似，將使我們擁有基督所展現的榮耀身體，「耶穌在你這裡，是榮耀的希望。」確實意味著「基督在你這裡，是榮耀的確定。」話語的力量不是足夠的強而有力，榮耀不在遙遠的天國，而在人身上 ——「耶穌在你這裡」。

健康

　　人，作為上帝創造的頂峰作品，是照著祂的形象和樣式所造的。人類是神的至高創造物，他能認知上帝，變成上帝的媒介和解釋，生命、健康、光明和愛的無限源泉。上帝是祂子民的健康。

上帝的痕跡

　　當神以自己的樣子造人時，祂在人的超心智中烙上了兩種身體圖像：一種是自然的身體圖像，一種是聖靈的身體圖像。然後，他在原始細胞中，加入了建構自然體和精神體所需的元素。

　　對於那些被賜予支配和管轄這些生命原子和細胞的人類而言，他們必須從中建構思想和身體。因為上帝創造了他們，透過神的話語的力量，賦予祂的形象和樣式，因此人類，身為上帝的形象和相似物，運用類似相同的力量建構其身體。

　　我們的身體以思想的形式存在於頭腦中，它順從地反應了每一種心理態度。在我們革命的進程中，我們看出全能的造物主肯定為祂所有的創造物設計了完美，於是我們開始證實這種完美，然後開始從自然的身體傳輸到聖靈的身體中。它會繼續，直到我們整個身體得到新生，在神的完美中客觀地呈現。

存在的目標

　　人類存在的目標是證明存在的真理，這種證明透過經驗而發生。經驗發揮作用有兩種途徑，一種是透過對每一個過程的法則的認知，第二種是不用理解法則而盲目地檢測這個過程。所有的經驗發展了個性 —— 在自身存在力量的意識。這將會帶來自由的意志，這是人類固有的東西。在他存在證明的進程中，人類達到了一種能夠感覺到自己能力的地步，他知道自己可以毫無限制地運用它。

人類的肉體

　　透過人類，上帝把存在於理念中的東西，外在地形成或顯現出來。每一種理念建築其形式，肉體是人類意識的投影，他把肉體貫徹在頭腦中，肉體是生命之樹的果實，生長在心靈的花園中。如果肉體這一理念被植根於神聖心靈中，肉體將會被永恆的生命河流滋潤。

　　人類這個有機體中擁有一個潛在能量的世界，等待顯現出來。毫無疑問，人類的身體是為生命存在的最有力量的發動機。透過思想、演講和行為，基督的思想被呈現。

　　身體由細胞構成，在每一個有機體中的「是我」的首要個體，決定了細胞將會擴散的衝動的特殊種類，一些在發散的狀態，一些在結晶的狀態，動態的能力領域是無窮的。

　　這些散射的思想形式的結晶，是人類理智中正確的結果，其中人的肉體是物質的，而非聖靈的。肯定的心態是一個有約束力、堅持的過程，涉及了所有思想和來自於範圍內的思想顯現。倘若一個人他與生命、物質和上帝的智慧相統一，那麼他正在持有聖靈的品格。如果他證實了事情和物質肉體的現實性，那他就形成了一種在肉體中產生作用的物質圖畫。

思想的建造

　　思想是肉體的建造者，肉體被思想驅使。思想不僅僅撥動肉體內在的東西，而且也控制了體內液體的流動。人類的肉體有權利換掉壞掉的部分，但是當其在協調之中時，永遠也不會毀壞。這種協調指的是一種向著存在法則、神的本質法則和上帝法則的自我調整。無論你如何稱號這種為所有生命基礎的根本性原則，這並不重要，重要的是，你要理解它，並使自己與之和諧相處。自然不是一種在黑暗和愚昧中運行的盲目力量，它所有的工作都表明了智慧 —— 運行中的心靈。

　　基督是王國中的傑出先行者，那裡釋放著產生健康進程的細胞，並在超心智中注入活力。祂用幾年的時間來熟悉自己的身體，把被物質捆綁的細胞，釋放到思想賦予它們活力的地方。

與生俱來的權利

健康在存在中是根本的東西，是人類與生俱來的權利。想要得到健康是很正常的，健康是人類以及所有創造物的正常狀態，是存在者的有序狀態。它是一種在頭腦、肉體和靈魂中完好和健全的狀態，上帝創造的人，健壯、完整、熱情。

健康，真正的健康，源於內部，不一定依賴於外在。健康是存在的本質，像上帝一樣通用和持久。

在人的身上存在著一種有意識地認知上帝和與祂交流和能力，人類必須學著使用真理的話語去加強健康的意識，僅此一點，就能確保健康、快樂和滿足。治癒是帶出存在於我們每個人內心的完美基督人，基督在我們之間是小小的種子，帶來了強壯、健康的基督人。

要想認知身為健康個體的上帝，就必須著手研究健康的心靈。當他抓住全部的原則時，發現自己主動地與上帝一起工作，增添了許多新的力量。他斟酌著在他的健康問題上發揮作用的原則。

透過認知一個治癒的禱告，人類掌握了健康本身的原則，整個意識都被照亮。當人類與神心合一時，他便與健康的意識相統一，進入了他自己知道的「已經被完成」的永恆平和中。

疾病

只有一個肉體的理念，肉體的狀態闡釋了思想的品格。人類的聖靈肉體是神聖心靈和聖靈創造物的概念。我們的工作是顯現這種聖靈的肉體。

折磨身體的大多數疾病，都源於對生命錯誤的思想。人類認為自己生病了，把思想建立在他周圍已形成的領域中出現的條件基礎上，而不是建立在絕對存在的真實裡。結果便是身體在各種形狀中難以協調。彌漫所有自然的是一種通用的思想物質，透過物質抄錄了思想最細微的振動。資訊被記錄，並付諸於行動。

罪

基督總是把罪和疾病連結為因果關係，人類所有的疾病都是違反法律和罪惡的結果。罪這個字所涵蓋的範圍，比我們通常認為的要廣。這些是不作為和作為之罪，如果我們沒有修練聖靈生命的意識，我們便犯了忽略之罪，最終使有機體失去活力。要想保持健康，我們必須專注於生命唯一的源頭，上帝。上帝即是聖靈。當我們把注意力轉向祂，並透過相信聖靈恢復我們的和諧健康狀態，來使自己得到尊重時，聖靈便把充滿活力的生命傾注於我們的肉體和頭腦。人類變得越開明，就越是渴望健康。

罪是沒有達到目標，丟失了神的完美。罪是人類無法解釋存在的屬性。罪（錯誤）在心靈中是第一位的，被聖靈的進程救贖，或者走向沉寂。錯誤被帶入聖靈的光明裡，然後轉變成有建設性的力量。

透過基督思想，我們的罪（錯誤的思想）被饒恕（從意識中擦除）。當把所有的罪（錯誤的思想）從腦中驅除時，我們的身體將會變得聖潔，以至於它無法在任何死亡或者腐敗的法則下運行。

放縱

就像一個拒絕接受知情者建議的孩子一樣，人類會陷入享樂和過度的放縱中。放縱感官的反應是痛苦，人類透過這些經歷，開始意識到與善相反的一面。雙重心態自然會在他的心中產生積極和消極的力量，這些相反的力量會反射到體內。

罪是以一種錯誤的方式，渴望顯現自己的結果，當發現錯誤，並有意願改正時，在神的饒恕法則下，人類輕易地就能擺脫這罪。

在聖靈的理解中，人類的「是我」原諒或者賜予真理，然後頭腦就變得有序，身體便痊癒了。

不要把任何人束縛在罪的思想中，假使你這樣做，根據心理活動的法則，它將會集聚並增加力量。

　　透過思想的力量，正確的形象變得活躍起來，人類透過思想擁有無限制的力量。他可以把力量作用於事情上，或者自己保留。如果他思考了罪的力量，他會建造並給予那種信念力量，直到被捲入思想物質的漩渦中。他忘記了聖靈的起源，只看到了人類，這樣他就認為自己是一個罪人。

　　走出這種愚昧、罪惡和疾病的迷宮，其辦法就是透過人類對他的真正存在的理解，然後原諒和放棄所有關於罪的現實，和其對身體影響的思想。

　　倘若一個人嘗試解放自己時，依舊在罪的思想中保留著其他人，那麼他是無法證明自由的。你必須在聖靈的現實中建造信念，丟棄你的自私，不能存在兩個王國，這是神的國度，人類必須放棄。這天國是為更大的人準備的，私自的人將會被撤銷。

饒恕

　　饒恕意味著對一些事情的真正放棄。當你原諒自己的時候，你便停止做那些不應該做的事情。人類有寬恕罪惡的力量，罪惡不符合神的法則。悔改和饒恕是人類能夠走出罪惡以及其影響，走向與法則和諧的唯一方式。所有的罪行首先在心中，饒恕是改變主意或者悔改。我們原諒自己每一次犯的罪，下定決心遵循著神的法則來思考和行動。心靈必須從物質的根基轉變為聖靈的根基。改變必須全部發生在人的身上和他的內

心。人類改變其病態的思想，來到健康的思想中時，神的法則就會衝過來並開始治癒的工作。

法則是真理，真理是一切美好的事物，在罪裡沒有力量和現實。如果一個罪行是真實和持久的（就如同美好的事物和真理），它可能不被饒恕，而是被受害者永遠保留。

責任

在上帝的宇宙中，健康的缺失並不常見，倘若這種缺失出現在哪裡，這便是人類的工作，我們有責任克服它。一個苦難和悲傷普遍流行的世界，肯定出了問題，我們沒有創造這樣的世界，我們都想看到一個免於這類災難的世界。這是指向如此做法可能性的道路指標。接受聖經的承諾，繼續用信念攻克它們，把其作為真實的來看待，相信上帝的所有事物，無論我們認為什麼是錯誤的，都應該糾正過來。新基督教將人類提升到一個境界，對於那些訓練心靈進行精神思考的人來說，可能會在那裡看到痊癒的奇蹟。

健康的存在

上帝從來不會離開祂的創造物，就像祂的創造物從來不會不穿衣服。你在哪裡看到生命的證據，就會知道上帝在哪裡。

健康是一種永恆的自我給予的源泉，永恆的給予，暗示了

永恆的存在。

在神的眼裡，沒有缺失或者分離，祂的無所不在就是你的無所不在，在心靈中不可能缺席。如果上帝持久地與祂的創造物分離，他們將會立即崩潰抑或死亡。在聖靈和信仰中，你永遠離不開上帝的生命活動。

上帝住在你體內，你依靠祂獲得每一個呼吸。若沒有上帝，你無法思考或者講出一句話，或者動一下。你的身體是上帝的生命種植的地方，你的心靈是他為土壤提供的光明。

靠近無所不在的上帝，來尋找每一個需求

一個好的治療方法是先否認心理原因，然後否定外貌。首先要治癒精神，然後，它在體內產生的次要狀態必須被消除，並且肯定完美的狀態。

自然和健康

我們一直被教導說，大自然具有治癒作用，因此我們通常不會認真思考她的治癒能力的起源問題。如果我們把自己的注意力集中於自然中，並作為治癒的原則，然後我們便激發了自然的活動，而這些活動是次要於所有行動的唯一原因，即無限的心靈。作為至高心靈的創造物，我們有權利把所有的力量、最初和次要的東西，付諸行動。透過思想以及其背後的強大心

靈能量，我們可以牽動所有存在力量的行動，得到集中精力治癒現在的水流，而不是從一個弱化的、分離的滲透中獲得結果。

聖靈的治癒

幾乎每一個人都需要心靈和身體的療癒，那些真誠關注在人類體內的運行法則的，會得到治癒的示範作為回報。

人類和宇宙都處在至高無上的創造者的指導下，人類為了變得健康、快樂和明智，需要遵守創造性心靈的法則。所有治癒的方法包含在建立個體與宇宙的意識統一裡。沒有任何人可以治癒自己或者別人，而創造性心靈能實現此目標。

在所有聖靈治癒的過程中，第一步便是相信，接下來是對治癒生命溪流的開放和感受。透過我們的信念和話語的練習，聖靈的品格便融入了與基督力量的統一中，工作就出色地完成了。

所有的治癒建立在精神淨化的基礎上，當頭腦擺脫錯誤的思想時，身體中的協調便緊隨其後。穩定的治癒從來無法完成，除非移除疾病的心理起因和錯誤思想。治癒的真正方式是找到心理原因，並永遠摧毀它。

意識和健康

人類的意識由心靈和其理念形成，這些東西決定了他健康與否。心靈是上帝與人類通常的見面之地，只有研究它和觀

察其運作的所有條件和因素，我們才會得到最為持久的健康和營養。

你是頭腦，你的意識由思想構成，思想形成了有關於思考者的障礙，你被思想的障礙、你的遺傳、教育和自己的思考過程困擾著。這些思想可能是真的或者是假的，取決於你的理解和上帝法則的運用。

上帝按照自己的形象，一種完全健康的形象，創造了人類。我們透過假設思想的力量來形成生存的粒子，我們透過思考一個事情有多麼美好，來滋養美好的事情。假設我們站在了消極的一面，我們也會有結果嗎？是的，當然！我們會得到我們所思考的東西，滋養的思想是非常好的思想，因為它展示了我們所做的事情。我們要麼拆毀我們的肉體，要麼建造它，撤銷錯誤，在美好中重建。

心智的進程

在人的思想和他身體的狀況間，有一個明確的定義，身體被心智驅動，所有的身體狀況都是心帶來的。

基督是偉大的老師，和遵守建設性思想的法則典型。基督的改革是一個內在的轉變，如果我們追尋祂，我們就把自己的力量、特性和思想的力量，運用於建設性活動中。能夠帶來最簡單思想的每一個心智運動，是宇宙心智的偉大創造性進程的

關鍵。在每一個活動中，都包含了心靈、理念和顯現。這頭腦
既不能被看到也無法感覺到；但是理念雖然不可見，卻可以感
覺到顯現的出現。

　　心智以奇怪的、難以置信的方式運行，為了理解上帝的心
智，我們需要研究自己的心智。我們對心智的進程分析得越
多，心智就更加清楚地顯現出，作為健康和其他一切事物源泉
的心智「複合物」。若是我們想知道健康的祕密，以及正確的思
想如何形成完美的身體，就必須一步一步地走入心智和其蹤跡
中，其運行把健康的理念轉變為光明、電能、原子、分子、粒
子、組織，最終形成完美的身體結構。

　　我們存在於各種力量之中，如果我們知道如何正確地使用
它們，這將會給予我們完成所有工作的力量。這不僅僅在我
們使用自然世界中大量元素時是正確的，尤其在使用心智產生
的能量時也是正確的。每一個思想都是能量的散射，假使一個
人在思考上沒有經過培訓，讓自己的頭腦毫無節制地解釋各種
思想，他可能用不盡這些思想，然而也無法實現任何有用的結
果。正確的思考是使用頭腦帶來被思考者理想化的正確結局。
透過集中和思想保持，迫使一個人收回心智中的健康意識，然
後健康將會在他的身體中顯現。集中於一點注意力，能夠在心
智中形成吸引所有思想物質的磁鐵，然後追隨著一個人能量的
信心和信念，來實現渴望的結局。這就是被顯現的宇宙法則。

思考就是解釋

在生命的所有活動中，存在著一連串的意念活動，將因果連結起來。這鏈條由人類鍛造，連接點是思想和話語。

如果我可以設想一個真理，它便沿著我可以使它顯現的方式。如果我可以設想在無所不在的物質中，那無所不知的生命，那麼就存在一種我們可以意識那個生命顯現在肉體中的方式。沒有一個人完全看到自己接近一個目標的步驟，他可以在大體上看到他從一個點轉到另一個點，除非他以前走過這條路，否則他無法知道確切的細節。在證明這個聖靈的力量，以及做好準備去透過人找到解釋的過程中，他必須願意順著已經證明其效率的方向。

信念

健康的福祉來源於信念的練習，在尋找他人的身體上。信仰打開心靈，迎接來自高處力量的湧入，在最高境界的力量，能夠治癒所有身體和靈魂的疾病。當信念足夠有效去解決所有多變的狀況，並向上帝的力量完全敞開心扉時，治癒瞬間實現。

透過對精神事物現實的信仰，我們開始靈魂的演變。我們必須對聖靈有信心，並透過思想將它建立在我們的意識中，然後我們的身體將會恢復協調和健康。為了像上帝那樣去創造，人類必須堅信上帝之心，遵循隱藏在所有物質原子中的創造性

電能。儘管我們從源自於身體和講出的話語中，得到了確切的結果，如果我們理解話語的力量，並堅信創造性的信念，毫無疑問，這些結果將會更加偉大。

想像

透過想像的力量，我們將心靈的概念銘刻在身體上。一個人可以想像在自己的身體中有一些邪惡的狀況，透過設想法則建造它，直到它顯現出來。另一方面，他可以使用相同的力量去完成美好的事情。

秩序

當我們接受更多聖靈生命的時候，如果我們渴望證明健康，則必須有序地整理生命。若不是很有秩序，心靈和身體的不和諧將會出現。這適用於所有我們所想的和所做的事情，任何事情都應該有序，在物質世界和聖靈世界中同樣有序。

你該如何透過神的計畫整理自己的生命？透過相信這是一個事實，即存在著這樣的計畫，並透過確認你與無所不在的心靈合一，來把這個計畫變成你自己的。尋求智慧，然後證實神的秩序。把自己置於與聖靈的一體中，然後你將會進入一個全新的思想和行動的世界意識中，同時因為主宰宇宙的有序的心靈正作用於你，你會發現自己正在做許多完全不同的事情。在

你所有的方式中，必須建立協調的關係。

保留一些無序的思想，將會產生身體和事物中的不和諧與矛盾衝突。缺乏思想的有序安排，要為拖延的治癒負責。

即使在物質意義上，人的誕生也是一個有序的過程。

只要我們相信我們所稱為的自然的緩慢進程，我們將會把自己置於緩慢的法則中。

讓我們在自己所做的一切事情中，開始重新並遵循秩序的法則，如果有著急的趨勢，停下來，遵守神的秩序，並把我們自己安放於那樣的姿態中。不需要著急，你現在生活在永恆中，無所不在的永恆思想，將會消除緊張的拉力，把每一個思想和行為放置在神的法則下。

治癒的話語

因為錯誤的話語，人們之間的日常交談會導致疾病而非完好的健康。如果病態的話語變成現實，行動中就設置了阻礙的力量。倘偌沒有被建設性的力量抵消，這些話語最終將會摧毀最強壯的器官。一個人掌控的話語，能夠權衡並產生深遠的影響。人類有能力否認和解決所有的阻礙、矛盾和形成疾病的話語。事實的認知是多少年來最偉大的發現，你可以為自己塑造唯一的一種新形象。

無論人類的判決書是什麼，每一句話都有使其顯現的力

量，當一個人理解了在聖靈意識中話語的力量時，其結果就是神聖法則的實現。獲得健康的快速和合法途徑，就是讓創造性的話語發揮作用，並帶入基督的敏捷行動中。

為了理解在基督中的新生命，我們必須注意神祕的話語或者道。原則包裹其中，放置於我們的心靈，將會帶給心靈和肉體的新生。靠近聖靈的話語，是存在的最有力量的事情，人類是神之話語的化身。

我們的言語會帶來我們所投入的一切。說話的人會加快語速。它們吸收並傳達說話者的觀點，無論是軟弱的或堅強的，愚昧的或智慧的，好的或壞的。那些被話語力量治癒的人，應該會熟悉所有話語的內在含義，把它作為最有效的藥物。

從我們的嘴裡講出的每一句話，都充滿著原子的力量，我們的心靈決定了話語的品質，嘴順從地轉向心靈決定的東西。它的話語中負載著建設性或毀壞性的電流，都自動地安排去建造或者摧毀我們自己、我們的目標和我們的理念。

一些人過於熱心，透過毫無智慧的言語和行動，來耗費自己的活力，他們應該透過與基督心靈的連接，來尋找更加渴望和需要的平靜。這些人外在方面如此的熱心，以至於失去了與事物源泉的連接，他們毀壞了身體，然而，他們畢竟是少數人，多數人甚至在做最平常的事情時都缺乏熱誠。

當人類的心靈被設立在高層次上，他就永遠不會放棄或者允許阻撓他正義的雄心。失敗的心態會讓整個有機體陷入恐慌，它

的功能在生命的運行中被摧毀,對於處在聖靈理解中的人,就沒有損傷,物質和精神事物的來去,只是生命全景的改變。

感恩

感恩會讓心靈精力充沛,就像一場落在現成土地上的大雨,滋養並增加了它的產量。

萬事都有起因,每一個原因都與心理有關。無論誰每天接觸更高層次的思維,都會情不自禁地接受其中的某些思維。理念是有感染力的,當全部的真實理念沒有感染他們時,人類無法生存。

那些闡釋感謝、感激,以及讚美的話語,釋放出了心和靈魂的能量。使用它們通常會產生如此明顯的效果,以至於人們很快就將它們與激發它們的詞彙聯繫起來。

讓讚美和感恩的話語充滿聖靈,當它們傳達給人的時候,將會有更多的增長。聖靈的源泉超越我們想像的最高境界,你可以用讚美為虛弱的身體注入強壯,為害怕的心理注入平靜和信任,衝破神經給予自信和力量。

對於我們已經接收到的東西,表示感謝是一件容易的事情,但我們卻不容易對那些希望得到東西表示感謝。提前表示感謝,是傳遞一種期望,在禱告中相信你可以得到,你就一定能夠得到。當我們把注意力集中在聖靈中時,讚美和感恩釋放

了靈魂和身體的美好本質。聖靈是釋放人體內被壓抑能量的動態力量。這能量被捆綁在細胞中,當釋放後,能夠再一次透過創造性思考的化學物質恢復活力。這種回復的完美與個體的勤奮和理解成正比。

我們放在心中的每一種思想,都攜帶著某種物質、生命和智力。任何時候被贈與的讚美,都會被輸送到身體的每一部分,透過靈魂氛圍的大範圍,整個意識和關於我們的一切,都因為讚美而熠熠生輝。讚美和感恩像神一樣,直接挖掘著無限心靈的貯水池。

喜樂

幾乎所有的人都會有一些恐懼,他們沒有找到它的源頭就向其屈服,有各種從心中擦除恐懼的方法,阻止它在身體中洶湧,其中一種最有效和最直接驅除恐懼的方式就是大笑,把你的恐懼笑掉,當追溯到它們的源頭時,看其有多麼滑稽。

那些能自然刺激體內生命之流的心靈活動,我們應該要培養它們。喜樂是很重要的一種心靈活動,在快樂和健康之間有密切的連繫。當你感覺良好的時候,你會唱歌,無論是有聲的還是無聲的。因為唱歌促進了血液循環,所以提升了健康。好的循環是健康的信號和促進者,幾乎每個人都會唱歌,它是極好的健康修復器,促進了緊張神經的協調性,它的振動催促著它們去運行,從而使永遠等待的治癒之靈能夠進入。

在每一首真實歌曲的背後，是喜樂的思想，是發揮作用的思想，招來了治癒的聖靈。我們應當帶著上帝與我們同在的思想歌唱，祂的喜樂正在散發出治癒藥膏的話語。

當人類多思考關於聖靈的事情，尤其是關於上帝是內在聖靈的展現時，心靈和身體都會感到喜樂和滿足，然後傾向於唱出歡樂的歌曲。

每個人都可以唱歌，耕耘歌唱的靈魂，透過聲音的振動與高度思考相結合，體內每一個細胞都被啟動，不僅僅在體內，也會振動周圍外在的氣氛，打破所有晶體的狀況。整個宇宙在振動，振動在法則之下。每一個特殊的事情都有振動的頻率，而振動產生的原因是什麼？我們的答案是：心靈。

用靈魂唱歌，你可以在內心深處唱歌，很快你將會用自己的聲音唱。各個年齡，任何地方的人們，當他們養成將思想集中在上帝身上的習慣時，將會感到榮耀和歡樂。

意志

意志的行動影響身體的每一個器官，任性造成了緊張，一個緊張的頭腦會使整個有機體的神經、肌肉和韌帶打結。矛盾是意志扭曲的別稱。那些爭取自己權利的人們，把自己捆綁在物質的狀態中，停止了精神成長，意志不是用來摧毀的，而是用來訓練的。

平和

精神之心是和諧、平和的。在人的意識中，肯定有一個相似的解釋方式。如果我們沒有被固定到強而有力以及穩固的現實中，將會遭受致命思想的風暴，在物質的岩石上遇難。心靈可以比喻為大海，隨著吹動它的風而起落，思想使用心靈的物質和人類想像的形式。因為其建設性的性格，所以心靈渴求平靜的狀態。當思想遭受心靈風暴的打擊時，整個有機體的細胞將被粉碎，隨後枯竭。

當身體的水因為空氣的間歇趨勢而變得波濤洶湧時，它將不能清晰地反射物體。當一個人被焦慮、恐懼或憤怒的思想困擾了，他便無法反射全能之主平穩強烈的光輝。

堅定地肯定平和，可以協調整個身體的構造，開啟獲得心靈和身體健康的方式，驅除憎恨和憤怒。保持平和，你將會很快並確切地被治癒；保持平和，並將自身與神心統一，將會帶給你健康和幸福。

愛

話語是心靈的種子，其中的每一個狀況都生根發芽，它是存在最持久的東西。話語造就了細胞，這些細胞透過相連的理念互相調整。當神的愛進入到人的思想過程中時，每一個細胞都被定型和平衡。愛克服了憎恨、阻礙、反對、頑固、憤怒、

嫉妒，以及所有存在精神或身體摩擦的意識狀態。

透過聖靈創造性力量的匯入，經由愛協調的靈魂，基督中新的身體加速形成。透過個人的努力可以完成這些工作。在靈魂和身體的設備中，一定總是存在著持續的建設性行動，倘若神之愛的存在和力量，在平靜和自信中被證實，法則就實現了。

一些十分嚴重的疾病，是因為濫用愛造成的。當一切事情都失敗的時候，愛贏了。幾乎所有的病人都缺乏關鍵的力量，因此聖靈的治療是很好的。憎恨、憤怒、嫉妒、惡念和類似的東西，在人的意識中是相當普遍的，用愛來治療將是有效的止痛劑。

晚年

如果一個人在思想上，把自己的身體看成是年輕的，那麼晚年的痕跡可以被抹去，若是你想變得健康，不要設想類似衰老一樣無用的東西。透過看到身體的完美，而把它打造得完美，這必定是內在轉換的工作。事實上，晚年是深深地植根於人類頭腦中的一個錯誤思想，它把生物學的法則作為人類的終極法則，而不是肉體永恆的上帝法則。

賦予生命力

我們需要被激發活力，我們如何得到生命？生命的源泉是什麼？生命的源泉是聖靈的能量，由理念構成，人類可以透過

與其建立心靈連繫而把握其趨勢。

上帝是生命，那些敬拜祂的人，必須用生命的意識敬拜他。當我們用這種方式敬拜祂時，我們一下子就充滿了活力，沒有其他方法可以獲得真正、永久的生命。我們無法從外人那裡或者任何永恆的事物那裡獲得生命，我們必須觸摸到內在的洪流。

我們透過思想和話語點亮生命，當意識到我們生活在一個豐富的、無所不在的和永恆的生命中，並拒絕任何阻止宇宙生命流動的意識到來時，我們可以得到生命的滿足。我們在心靈生活中生存、移動並找到自我存在。

你可以把自己的生命視為一種思想的狀態；每一種能力都會為新生命而開始吱吱作響。如果你把它作為心靈或精神保存在意識中，你的生命便永遠不會衰弱，它將會在你的體內增長並獲得完美的解釋，若是你在意識中對生命的理念有信心，你的肉體永遠不會垮掉，還會帶著聖靈的生命變得越來越活潑。

我們必須思考生命，討論生命，並把自己看待成充滿生命的個體。當我們沒有按照意願顯現生命時，是因為我們的思想和對話與生命的理念不一致。每一次當我們思考生命，談論生命，享用生命的時候，我們正變得自由，並且表達越來越多的生命理念。在豐富的生命中有一個空間，只要我們對它懷抱信心，我們就能讓身心、周圍環境和事物，充滿快樂、自由、活潑的生活。

真理

許多人已經學會了如何在信念中，甚至在多樣性的外表中，平穩地持有關於健康的真理。當在其外觀面前否認疾病的時候，他們清楚地知道自己沒有說謊。相對於那些仍然在物質中掙扎的人而言，那些在精神上受到鼓舞的人，可以透過信念的法則做更加偉大的工作。一旦已經辨別出聖靈的力量，我們應該戒備，在每一個場合釋放出聖靈的高貴理念。

我們無法在每一次陳述中，都獲得成功的唯一原因是，我們沒有堅持自己的腦力工作。我們必須開始訓練心靈，提高思想境界，放棄自然人的緩慢慣性，轉向精神人的速度和彈性。這要透過禱告、默想和真理話語的重複來實現。

這不是將話語一遍又一遍徒勞、機械地重複，而是平和地意識到，一個傾聽的頭腦和做好準備的偉大理念，一直在等待著我們。

為他人禱告

為他人的健康禱告的人應該理解，並不是治癒的法則導致了他的病人沒有持續地康復。錯誤可能在於他自己缺乏恆心和理解；或者可能由於病人頑固地堅持著不和諧的思想。在任何情況下，禱告的人必須堅持他的禱告，直到阻力的牆被拆毀，治癒的趨勢開始顯現。在治癒別人的時候，應把別人看成是完美的。

奇蹟

宇宙並不是由無邏輯的法則假設而創造的,法則有其依據。在科學中沒有奇蹟,基督沒有創造奇蹟,祂所有奇妙的作為都是在法則之下完成的,我們可以像祂一樣學習和使用這些法則。正如身體被心靈驅使,心靈也被理念驅動,就是在心靈中,我們找到了宇宙的祕密。

在現實中,奇蹟是由於更高的、未知的法則運作而發生的事件。所有的真理都被法則統領,沒有什麼發生,所有的發生都是原因的結果,可以在因果的法則下被解釋。

在過去,許多偉大的事情,被那些只是盲目相信信念的人粉飾了,我們現在把法則的解釋添加到信念中。

耶穌基督

不少學生問,為什麼在我們的寫作和真理的陳述中,總會強調耶穌基督?聖靈的哲學證明,一個偉大人物的名字承載著他的心靈潛能。每當他的名字被無聲或有聲地重複時,他的屬性就會顯現出來。

在我們的個性中,大家都帶著面具,隱藏了真實和心靈,人類的每一個宣稱,都是在耶穌基督的名字被虔誠地使用時,這將會與基督相連接,聖靈治癒的光束將會流入開啟的心靈和身體。當人類思考或者說「我是」的時候,他潛在地給予理念的

種子以自由，這理念包含在他們存在的所有容量中。頭腦理解力狹隘的自然人，幾乎無法觸摸到在基督徒中擴展成無限力量的種子理念。我們對「我是」思考和擴展得越多，最初的、更加強大的力量，將在我們面前展現。基督的本質和基督的生命，在任何時間和地點都是可以利用的，喚醒其「我是」到聖靈的無所不在中。

證據

在研究和運用基督的道時，我們發現其間必須包括我們的身體，對無所不在的純淨物質的信仰，會使物質沉澱在體內，同時我們也被改變了。

在大量事實中找到的證據表明，身體恢復的神聖法則，正在以一種大的方式發揮作用，就在這裡，就在我們之間。在統一的文獻中有大量的鑒定書，證明這些人以及痊癒，感恩上帝賜予的新的健康、力量、財產和快樂。因此沒有必要透過閱讀很久以前的上帝作品來加強你的信念，你可以私人諮詢你的鄰居，他必定會告訴你很多像聖經中的紀錄一樣偉大的非凡事情。

我們遇到的大多數病例，都屬於在《路加福音》（*Gospel of Luke*）中所說的沮喪婦女，「她們把整個生命都放在了求醫生，但無法被治癒。」醫生宣告她們無法治癒了，作為最後一種手段，她們向上帝求救。治癒她們的工作中最困難的部分，是忘記醫生關於她們的病例無法治癒的結論，我們發現沒有醫治不

好的病人。任何資深的形而上學的治療者都會告訴你,他是治癒所有「流行」疾病的工具。

個人的見證

　　當我還是一個十歲的小男孩時,首先被診斷患有風溼,後來發展成為一種嚴重的髖關節炎疾病,我臥床一年,從那時起成了一個一直疼痛了二十五年的病人,直到我開始使用神聖法則。

　　醫生說長在髖骨蓋上的兩塊突起的膿包,最終會耗盡我的生命,不過我成功地依靠枴杖行走,用一個四英尺長的軟木和鋼筋牽引在右腿上。髖骨已經脫臼並且變得僵硬,腿也萎縮不再生長。整個右邊身體都受到了牽連;我的右耳聾了,右眼視力模糊。從右髖到右邊膝蓋的肉只是呆滯的黏連物,幾乎沒有知覺。

　　當我開始運用聖靈治療時,腿上雖然只有長時間的細微反應,可是我感覺好多了,同時我發現右耳可以聽到了,逐漸地,我注意到腿上有更多的感覺。多年過去了,我僵化的關節開始變得有彈性,皺縮的肉開始生長,直到右腿變得幾乎和左腿差不多。然後我去掉了那個軟木鋼筋的牽引,穿上了一雙普通的鞋,上面有兩個一英尺高的輪子,這條腿基本上變得和左邊差不多,肌肉也恢復了。

我提供自身康復的詳細細節，因為這在醫學上是不可能的，從宗教的觀點來說是奇蹟。然而，當我運用思想的力量後，我年年都在觀察身體的恢復狀況，我知道這是在神聖法則下發揮的作用。因此，身為法則的見證者，我為此而感到滿足，在其間心靈建造了身體，並且可以令其恢復。

治癒和音樂

音樂的治癒力量，已經被那些在醫院中運用的人，宣稱為一種時髦的發現，然而並不新鮮。事實上，這種治癒的方式總會被意識到並被練習，最搶眼的光亮成為了搖籃曲，母親們、文明的和野蠻的，都唱出來撫慰她們疲倦的孩子。每一個民族，每一種語言，都有搖籃曲的存在。我們假定每一個孩子都因為媽媽的歌曲，而在心靈和身體上達到了協調，無論這歌曲可能有多麼粗糙。

和諧的理念

形而上學主義者已經發現，心中理念的和諧排列，產生了身體上的和諧；在其內有五種解釋的途徑，叫做感官，某種思想可能被調整為另一種。心靈和身體可以充滿如此的和諧，以至於一首喜樂的歌曲在毫無意識的情況下，奔湧而出。這種練習由一種確切的科學掌控，每次以同樣的方式產生作用。

這種連繫與數學的準確性相似，在音樂的和諧中駕馭著旋律的排列。理念、數學和音樂是相關的，當頭腦理解了這種連繫並運用它，這叫做健康的和諧，便會隨之而來。畢達哥拉斯（Pythagoras）去埃及，在那裡待了二十一年學習神祕學，當他返家的時候，他宣揚一些陌生的道，說人類和整個宇宙，因為音樂的生產而被創造。

音樂的振動

如果乾燥的沙子被放置於一個盤子中，一個小提琴的弓穿過這個盤子，沙子將會以一種對稱的形式排列自己。有可能來自於話語的和諧振動，促成了沙土的成形，也可能是此刻上帝正在歌吟宇宙的解釋。

世間最神奇的音樂盒子是人的身體，有簧片、咆哮和笛聲。整個身體的體系似乎是為了甜美的聲音而產生，當他所有的力量都發揮出來，並且知道如何正確控制它們時，誰能知道他會做什麼？

當天賦處在聖靈的和諧中時，音樂就會自然地從人身上流淌出來，自然得就像音律中的小溪淙淙聲，或者是風琴旋律的尼加拉瀑布的咆哮。一種自由、輕鬆的心靈，以音樂的形式表達自己，例如，吹口哨的小男孩。

一個詩人說靈魂中沒有音樂的人，適合反叛、謀略和妨

礙。人們普遍認為生活在生命醜惡面的人，很少用歌曲來表達自己。一位相當資深的雇員曾經說過，他信任那些在工作中哼歌或者吹口哨的人。

七個聲調

上帝是宇宙和諧的聖靈，人類是那聖靈的後代，我們有七個中心對應於音階的七個音。如果你有研究過，當這七個聲調協調時，就像颼颼作響的豎琴，聖靈在你的體內演奏。

在頭部是智慧的，它是「do 音」，「我是」是主調。接下來是力量，然後是愛、物質、秩序、生命、強度，每一個都有一個神經中心。你如何吹奏它們會產生很大的作用，如果你相信軟弱和失敗，你的聲音將會表達那種信念。你必須把那些丟棄在力量中心之外。你打算如何鼓勵它？透過走向力量的源泉，證實你與它的統一，宣告你有能力完全表達基督的掌控和統治。想像宇宙的所有力量都集中在你的喉嚨上，唱出勝利之歌，提高你的聲音來讚美，你將會把整個有機體托舉到一種高昂的、協調的聖靈照射中。

當你知道這個法則，你將會知道如何加強你的身體。當思想使得它鬆弛或緊繃，以至於聽不到來自神的和諧，你可以說出真實、感覺和激勵的話語，使自己內在和外在和諧一致。

音樂的聖靈

音樂的聖靈存在於我們每個人的內心,當我們開發並提取它時,當和諧的生命透過神與人的結合進入身體時,我們將會意識到,內在有一種產生和諧的力量,和諧就是健康。

因此我們明白身體是一個樂器,旨在發出神聖心靈的和諧,所以,它必須處於一種與無窮相一致的旋律中。我們需要學會如何使它和諧,保持和諧,如何吹奏它,這些都是要透過正確的思想和正確的言語完成的。用智慧思考產生了心靈的和諧以及身體的優雅,所有的不和諧,都是由無知、不明智的思想和言語所造成的。

被音樂治癒

隨著時間推移,一些治癒可能會建立在音樂的基礎上,病人被教導如何把他們置於和諧的基督思想中心。然後,身體就會做出反應,因為它就是心,它的根基在心,生活在心,並受心所推動。我們對偉大的搏動和宇宙的生命思索得越多,我們將更多地解釋它。

我們可以把音樂運用於生命的每一個部位,身體不僅僅是樂器,也能作曲,你可以邊演奏邊創作。

當你走進神的和諧中時,你將能夠反覆地吹奏,你的耳朵將會加快速度,遠遠超過它所聽到的東西。你將會聽到,不

僅僅是地球的音樂,你還能夠分辨出好像只是噪音中的旋律。發動機呼呼的聲音是低音提琴的音樂;在街道的車流中,你將會捕捉到一種深沉的音樂曲調,當你在思想中處於和諧的狀態時,你到處都可以聽到音樂。

時間和音樂

因為時間是音樂中一種搏動的測量,就像年分是事件的計量,因此,時間只是你掌控下的一種工具。你可以根據意願減少或增加移動,你可以在一年中擠滿經歷,使它看起來像一百年。這意思是,你沒有被時間奴役,而是你掌握它,給予你一種自由的感覺,同時生命的音樂將會有更充足和更好的解釋。你不會自動地演奏,可是你的靈魂將會自由地解釋自己的和諧。

透過唱歌和讚美,給你的生命帶來和諧,每個人都應該演奏和唱歌,我們應該在神的和諧中感到歡快。我們應該唱喜樂、愛、平和、與上帝統一、耶穌的聖靈以及人類解釋的超能力歌曲。

✝健康

疾病

現在醫生普遍認為，大多數的疾病，通常是由一種叫做細菌的微小生命形式引起的。每一種疾病都有其特殊的細菌，它們要透過高倍顯微鏡才能被看到，並且專家描述了不同種類的形式和性質。

人們普遍建議找到這些破壞性的微小細菌的解毒劑，就得到了毀滅它們的方法，他們沒有試著去解釋其起源。他們發現這小東西在人類的身體內非常繁忙，他們追尋的是讓它們失效，不問它們何時來何時走。

深思熟慮的頭腦，當然不會滿足於用這種膚淺的方式，來對待破壞性的東西。它問細菌的起源，但是研究的一方沒有給出答案。只有頭腦的追隨者能夠回答，關於疾病細菌起源的問題，只有透過頭腦，這些微小的生命形式才會被給出合理的解釋。

亞當，智者，為這些東西負責。他給予所有存在的理念以品性 —— 他替它們命名。這種過程是錯綜複雜的，只有透過形而上學主義者最深層次的洞察力，才能解釋和理解其細節。

思想成果

健康的思想產生了微生物，它的居所用來建造健康的有機體，疾病的思想產生了無序和破壞性的細菌。在物質的醫生

和形而上學者之間是有連繫的，醫生觀測了疾病細菌的破壞殘跡，形而上學者站心靈的立場上，看到思想作為細菌呈現的可見性。這開啟了無限制區域中的起因，每個思想都透過宇宙中每個男人、女人和孩子，產生了一種活著的有機體，一種品性的萌芽，就像它產生的思想細菌一樣。無法逃避這個結論，也無法逃避這種強而有力的可能性，疾病將會決定於思考者。

順著方向

憤怒、嫉妒、惡意、貪婪、欲望、雄心、自私，事實上，人類擁有的所有這些極可惡的形式，是根據自己的屬性產生了活著的有機體。如果我們有足夠強大的顯微鏡，我們將會發現自己的身體是由活著的細菌組成，盡最大的努力完成我們思想設立的任務。

如果你說：「我恨你。」在你的氣氛中就產生了怨恨的細菌，這些將會為它們創造工作。如果只有敵人被思想的細菌攻擊，法則將不會如此嚴苛，但是它們對任何人都不尊重，而且很可能轉向它們的造物主，並摧毀它。

因此害怕、懷疑、貧窮、罪、疾病、意識中千萬個錯誤，都有它們的細菌。這些有機體使得人們盡最大的努力悲慘地工作著。他們對自己的存在不負責任，只是思想的工具，他們是那些給予其生命的僕人，智慧的調解者該關注的不是細菌，而是那些製造細菌，並由此導致不和諧以及疾病的人。

偽造品

廣告中針對細菌的治療方法不勝枚舉，它們保證只殺死細菌。把這個方法運用於可憐的微小細菌，就像試著透過銷毀流通中發現的所有偽造物，去阻止偽幣的生產。

所有虛假的思想來自於智力，其獨自產生了疾病的細菌。我們不需要反抗智力來找到所有致使人類變為奴隸的疾病。智慧不是智力的本性，有一種假設認為，觀察是智慧源泉，這與上帝特別警告亞當的東西是相對立的。這明確地表明智力的無能，依靠自己，設立了好和壞的認知標準，它也宣告了如果人類無視所規定的禁令，他將會面臨怎樣的結局。

「不要吃辨別善惡樹上的果實，因為你吃的時候將會死亡！」

善與惡

世界上對於什麼是善、什麼是惡的不同看法，就證明了現行的善惡標準是有問題的。在這些很重要的點上，應該不能出錯。如果智力放棄宣稱對善惡的認知，轉交給智慧和理解的聖靈，將不會出錯。

智力是人身上有形的、性格塑造的機制，它從聖靈中獲取智慧和物質。就像白色光束穿過的棱鏡，它展現了聖靈的潛力。若是它關注內在並尋求聖靈的指引，那它透過可見的螢幕反映了神的理念。這是主的計畫，而且只有當它承認存在一個

比它本身更高明的智慧源泉，當它屈服於智慧，同意或反對它所構想的想法時，它才根據這個計畫建造。

顯現

生命的顯現是透過亞當的意識，以某種方式依附於並對使得它可見的形式負責。因此改革 —— 轉變 —— 存在的狀態，必須從亞當的角度，作為一個重要的因素來做成。忽略亞當就是輕視耶和華神建立的創造物。如果亞當不是神計畫中的一部分，為什麼他被從塵土中捏造，有了生命呼吸，並被賜予一個活著的靈魂？

我們沒有祛除亞當，我們是改變他，他在任何事情中都不是一個好的引導，他的結論來源於對他在外部世界中看到的狀態觀察，他根據外表判斷，而這只是整體的一部分。外觀說細菌是危險和具有破壞性，但是熟悉它們起源的人沒有驚恐，他知道有一種比愚昧的智力更強大、更明智的力量和智慧。在我們糾正現在主宰人類思想的錯誤之前，我們必須求助於這種力量。智慧的泉源只有一種，那就是智慧本身。

智慧

在這個時代中，認為智慧透過對事情的而研究而獲得，是一種普遍的錯誤。等待主的人是明智的，智力的觀念認為，健

康的智慧可能來源於對疾病細菌的研究，這種觀點的趨勢是關注外在的而不是內在的。外在，事物形成的宇宙，永遠不會是智慧的源頭。事情的形成是努力結合智慧和愛的結果，而且他們的性格表明了計畫的成敗。當智慧和愛被援引，他們的和諧在事情的形成中被顯現，上帝就顯現了。

我們喜歡以耶和華上帝的理念去替個性命名，因為它在創造的偉大計畫中就是這樣的。聖父的榮耀透過聖子來顯現，在存在中的理念無法顯現，人類應該提升他的尊嚴，根據神的法則陳述他們。

如果人類在判決他的創造物前，能夠諮詢上帝，那麼疾病的細菌將會很快從地球上消失。決定任何事物不是人類的本職，而是取決於上帝眼裡的喜樂。如果他製造細菌，那是因為他思考細菌的想法當他認為上帝認為他只會創造自然和人類的美麗時，他的整個世界將不再有任何東西會引起恐懼或痛苦。上帝不是這種所謂的「從物質到心靈進步」的創造者，上帝是人類存在的源泉。

展露

存在有一個展露的法則，就像解決數學問題的步驟一樣精確，沒有錯誤；就像掌控音樂的產物一樣協調，衝突無處藏身。疾病的細菌不是神聖法則的一部分，它們在數字持續的展露中，在其穩健和仔細的步伐中，或者在交響樂或歌曲的錯誤注

解中，已經被移除。

　　倘若人讓上帝進入他的頭腦中，就不需要激烈的爭論或者艱難的想像，來弄懂生命的問題如何輕易地被有序地解決。基督說羈絆是容易的，負擔也是輕的，在所有男人女人羈絆自己的艱難狀況中，它是勝利者。它製造了罪、疾病和貧窮的光，在面對多種神學時，人的兒子有特權，透過撤銷和勇敢的講道，祛除人類世界中的錯誤。

坦途

　　每一個人都有一條坦途 —— 一條他將會意識到透過神的權利掌控的路。基督說，這路從「我是」中分離。正如摩西把孩子從以色列的黑暗中解救出來，透過在他們的耳朵裡證實「我是」的力量，因此基督給予一系列的、把我們從愚昧的荒蕪中救贖出來的證實。

　　你的「我是」是圍繞著你所有思想旋轉的北極星。甚至這微小的，狹隘的個人「我是」觀念，可能會帶來偉大和唯一的「我是」意識，透過用確切的智慧，生命和愛填滿思想的星球。根據你依附的概念，你的「我是」帶著你起起落落，到天堂或地獄。把它繫在星星上，讓它帶你走到更加寬闊的天堂。這裡有足夠的空間，你將不會與任何人碰到手肘，只要你遠離洶湧的人群，把自己繫在聖靈理解的星星上。

疾病的解藥

　　停止製造疾病的細菌，把你的注意力轉向高境界的東西上。透過思考愛而讓愛活躍，透過證實上帝的無所不在的智慧，讓智慧點亮世界。在心靈中看上帝純粹的本質，它肯定會出現。這是摧毀疾病的方式，是針對疾病細菌的解藥。上帝真正的、持久的事情，就是以這種簡單的方式來呈現，這是「我是」顯現自己的方式。這方式如此容易，以至於有大智慧的人容易忽略；這方式如此普通，以至於傻子都能夠理解。一個人只需要知道上帝就足夠了，這是多麼簡單的事情：這負擔多麼輕！沒有漫長乏味的研究，不需要深度地鑽研複雜的理論和觀測。所有需要的只是一種簡單的、孩子般的對隨處存在的聖靈的注意力，和一顆對一切事物充滿愛和美好的心靈。

✝ 疾病

繁榮

基督的教誨顯著地閃耀光芒，因為它們恰當地適用於日常生活中的瑣事。祂的信仰並非處於一種祂的話語都能夠被引用的意義，而是祂就是思考、生活和存在的一種規則。對一些人而言，要把其教誨和菜市場之類的場所連繫起來，是無法想像的。更深層次地洞察他們的思想和意圖，可以表明這些高尚的教誨，對於存在於生命所有部分中的日常生活而言，是最實用的規則，在現代文明中發揮著至關重要的作用，也是商業穩定的根基。

在把基督的教誨當成一種日常指南的實用性標準方面，我們不是太成功，因為沒有理解他們引以為據的法則。基督是不會拓展一種虛假或者沒有相應法則依據的教義的。

人類已經掌握了基督教義的文字或者表明的東西，同時使其具體化，來迎合他們的利益和習慣。這就是為什麼祂的信條還無法淨化商業、社會和政府的原因，在這些領域中，它應當發揮精神作用。當它的精神方面被研究，並從聖靈的視角被理解和運用時，它就能很輕易地完成這些設想的工作。脫離了耶穌基督教義引以為據的法則切實性應用，世界經濟的弊病根本無法找到永恆的補救措施。

供給者

去設想有一個智慧和精明的造物主，會滿足祂的創造物在不同成長階段的需求，是完全符合邏輯的。供應將根據需要提供，並且該生物為此付出了必要的努力。現世的需求將會以現世之物滿足，心靈的需要可以透過類似特徵的事物來滿足，精神的需要可以透過精神元素來滿足。為了分配的簡化，所有的東西將以一種根本的聖靈物質來組成，在這種條件下，憑藉著操作者的意志，正確的指令將會被轉化成所有的產品。

耶穌教導我們說，可以把生命賜予的光線積聚在我們的心靈、身體和憑藉信仰的事物中。祂教導如何透過心靈的練習來使得生命順從於祂，基督展示了宇宙是透過智力勸服和指引的，而非盲目的、機械的強迫。

我們最需要認識到的是，上帝已經滿足了我們日常生活中最微小的需求，如果我們缺少任何東西，那是因為沒有用心靈與那超心智和自動穿過的宇宙光線恰當地連接。

新紀元

現在，我們沐浴在一個新紀元的曙光裡，供給和支持的老套路正快速地逝去，新的方式正呼之欲出。未來的商人將不會是金錢的奴隸，人類的需求將會以某些方式得到滿足，這些在現在被認為是不切實際的。我們將會因為侍奉的喜樂而去侍

奉，財富將會以汩汩流水之勢流向我們，愛和熱忱將被設置在動態中，供給和支援遠遠多於人類的需求。

充滿動態力量的空氣，等待著人類的掌握和使用。這些隱形的、無所不在的力量，其蘊含的潛能遠遠超越我們最崇高的概念。事實上，萬事萬物都在隱形的聖靈物質中擁有源泉。

在新紀元中，即使現在處於破曉時分，我們也將會獲得繁榮豐富的心靈，宇宙物質的原則將會被獲知和演練，缺乏這一說法沒有立足點，供給將更加地公平。超額生產、超額消費或者供給方面的不公平將會銷聲匿跡，因為所有人都能認知和使用上帝的物質。人類將不會遭遇一天累積財產，第二天丟失的境遇，因為他們根本沒有必要再懷疑鄰居的真誠，或者試著把鄰居的據為己有。

這是不切實際的烏托邦嗎？答案取決於你，你意識到無所不在的物質並信仰它，你就會發現身邊的人和你有相同的舉動。甚至，當僅僅一個人見證了財產法則的真相，他將會提升整個社區的意識。

天堂

根據希臘語，在我們所看到的新約中的語言，耶穌在他的教誨中沒有使用詞語「天堂」的單數形式，而是使用複數形式。祂沒有告訴我們一些遙遠的、被稱為「天堂」的榮耀，而是揭示

了圍繞在我們身邊的、這麼多天堂的財產，並且說其規則的實體在人身上。祂對僕人們說，它是上帝用來養育祂所有孩子的王國。耶穌在許多涉及「天堂」的比喻和比較中，向祂的聽從者解釋這無所不在物質的特性，它擁有一切潛力並且是地球上出現的萬物源泉。天堂的宮殿，或者說上帝的宮殿，掌握在人的手中，它是心靈和物質的宮殿。

心靈

一切皆是心，出現的事情是心的解釋。心是實相，也表現為現象。心的這個概念只是它的一方面，存在並不局限在概念的層面，它有所有的可能性，包括從其固有屬性中掙脫，進入表面的範疇。心具有這些兩面性，本質和現象，有形的和無形的。要說心是一切，卻又否認事物在萬物中確實占有一席之地，那麼只說對了一半而已。

物質

上帝是物質。如果我們透過這個陳述來意味著上帝是事物、一種狀況或時間之物，那麼我們將會說上帝是非物質的。上帝並不局限於我們所說的物質形式，上帝是無形的本質。物質是神聖實體的精神限制，這種物質的關鍵和固有的特性，在生命所有的解釋中都是存在的，上帝的物質必須被設想為上帝

的能力，或者聖靈的光。

　　上帝是物質而非事物，因為事物是成型的，而上帝是無形的。上帝的物質寓於事物和形式中，是所有形式的根據，然而並沒有作為終極性依附於任何形式。物質無法被看到、觸摸、品嘗或者嗅到，卻比事物更宏偉，因為它是宇宙中唯一的實體。祂的實質在於作為它的依靠和唯一的現實被信奉。

　　對於那些已經學會在意識中運用它的人而言，無窮無盡的心靈物質，隨時隨地都是可以得到的。源於所有可見財富的聖靈物質將永遠不會枯竭，這種無盡的資源總會準備好來給予。它不懂得事物，它必須給予，因為這才是它的本質。

　　聖靈物質是有生命的東西，依靠麵包和水為生，那些以上帝的物質為事物的人，將永遠不會飢餓和口渴，這種物質是持久的，是一個經久不衰的原則。人類再也不能與物質的供給分離，就像生命無法脫離其源頭。

理念

　　物質存在於理念的範疇，當被熟悉它的特性之人傳遞時，便充滿力量。神聖心靈的理念潛在於物質中，萬事萬物作為理念存在。只有當人類意識到這些理念時，它們才會顯現。神的理念是人的繼承之物，它們孕育在所有的可能性之中，所有包含在聖父頭腦中的理念，都指引著其後代的思想。深入一件事

物的背後，進入它作為取之不盡，用之不竭的想法而存在的精神領域，你將會永遠依靠它，絕不會耗盡其源頭。

統一

物質是頭腦中的首要特定形式，毫無疑問，你有自己的體會，在靜寂中看到萬物以物質的形式呈現出來，就好像金色的雪花在你眼前飄落。在你的意識中，這便是來自宇宙物質流動的首要呈現。

在內部穩定並轉化為偉大的源泉，帶著信念的眼光，看到全世界都充滿物質，看著它像金銀雪花一樣飄落在你面前。在頭腦中保存著物質並使其顯現，對此我們肩負著重大的使命。人類的使命是以物質的形式闡釋物質，讓自己熟知這些物質，直到把它變成自己的。

事實上，你與唯一的生命體結合在一起，那就是上帝。是你的一切充足性，來自於你被創造的這種物質中，你生活並移動在其間，並依靠它滋養和豐盛自身。

聖靈的物質是堅定不移、牢不可破、持之以恆的，無波動，不減少。

當你在頭腦中保留這些物資，使它永固並持久時，你會意識到其統一性，然後你將會因為上帝的慷慨饋贈而感到驚喜。

法則

　　所有正確的行動都有法則來主宰，沒有什麼碰巧發生，沒有奇蹟，沒有類似運氣的東西，沒有偶然的事情。一切事物都有其原因，可以運用法則的因果關係來解釋。這是一種訴諸我們內心固有邏輯的教導，有時候，看到事情沒有明顯的結果時，我們會自然而然持懷疑態度。

　　那些看起來像奇蹟的偶發之事，被我們還未認知的法則掌控，源自於我們尚無法理解的原因。

　　人們不根據法則證明事物，而是根據其對法則的認知，這便是我們為什麼需要更深入學習的原因。何為法則的規則？首先，上帝是美好的，以及祂所有的創造物都是美好的，當你在頭腦中牢牢記住這些時，你自然會述說好的事物，任何糟糕的東西都無法進入你的世界。若是你認為存在著像魔鬼一樣的東西，並且你容易像受到好的影響一樣，受到這些魔鬼的影響，那麼你可能會出現，符合你認為是魔鬼之物的狀況。

　　那些遵照法則的人，將會達到滿意的結果；未這樣做的人，自然是相反的結果。法則適用於我們對財產的證明。

　　上帝是法則，不會改變。上帝製造了法則，但並未強迫我們去遵循，我們擁有自由的意志去選擇做事情的方式。當我們認知法則並以其辦事時，必定會得到其保護並運用於美好的事情中。

聖父對我們的渴望，不僅僅局限於一種粗淺的存在方式，而是無限制的美好。當我們回到聖父富足之家的意識時，聖父就會賜給我們祂所擁有的一切。倘若物質匱乏，我們無法高興起來，沒有人需要窮困，貧窮是一種罪，披著貧窮的外衣是一種罪。

一旦以一種正確有效的方式操作，法則不會失效，所有豐盈的人都遵照法則形式，因為別無他選。也許他們並沒有意識到，要遵循一定的精神方法，然而他們卻以某種方式讓法則生效，並享受到了其無窮無盡的行動益處，其他人則不得不掙扎著去完成同樣的事情。

當你學會使用頭腦的力量時，就沒有必要等待播種和收穫了。當你在實質性的理念中擁有意識時，你所有的需求，將會很快被更高層次的法則滿足。把理念放置於你所有集中思想的生命和力量中，它們將會接近現實。

要使增長的宇宙法則發揮出最佳的狀態，意識的配合是必要的。用你的天賦，無論是哪方面的，為了達到增加的目的，要對法則有信心。不要追究太多，要在信念和勇敢中奮然向前。如果認為任何人或任何外在的狀況會阻礙你，這將成為你的阻礙。關注內在現實的豐裕吧！不要讓外觀成為畏縮的藉口。

意識

聖父的財產並非股票和債券，而是植根於每個人思想和靈魂中的神聖可能性。上帝的財富透過人的靈魂找到了解釋，意識的財富將會以意識的顯現來解釋自己。那些知道原則的人透過對神意的理解，來獲得某種內在的安全感。

為了證明原理，我們必須堅持以某種法則的敘述方式自我建設。證實是為了在我們的意識中，對所有生命賴以生存的原理，建立一種深入的理解。越是經常在頭腦中呈現符合邏輯的和真實的主張，你內在的安全感就會變得愈加強烈。

清理

精神上的大掃除，比物質上的大掃除更必要，因為外在只是內在的反映。舊的思想應該被否定，在確認基督的意識可以進來之前，頭腦需要先淨化。當我們持續地否定物質的局限性時，我們便開始揭示那等著我們來履行的聖靈法則。當意識到這些法則時，我們便開始運用它來證明所有好的東西。

卸下所有關於「短缺」的思想，保留關於「充足」的思想，要看到一切美好事物的豐富性，我們生活在一個無盡物質的大海中，當透過我們的思想來塑形時，便準備顯現。

在展開聖靈的進程中，沒有任何步驟比放棄或消除更重要，我們必須學著釋懷、放棄，並為祈禱和渴望的東西騰出空

間。試著放棄和丟掉捆綁自身的陳舊思想，以能提升我們狀況的新思想取而代之。持續拋棄舊事物的過程，與成長的過程相一致，當我們守舊時，便會阻止前進的進程。

否認掃除了碎屑，並為新租戶騰出空間。除非你知道有更高、更好的思想來取代舊思想，否則摒棄舊思想是不明智的。

回報

那些尋求物質領域所提供的東西的人，通常會找到它們；而那些渴望精神回報的人，也通常會得到回報。法則是我們得到想要並追尋的東西。沒有對努力的嘉獎，將不會有努力，那麼社會將會倒退。我們可能會討論到內在的渴望，可是當缺乏行動的外在領域時，它最終會阻礙並中斷行動。

努力

當你祈禱並確認神是你的物質、你的供應和你的支持，你的成功卻尚未顯現出來時，請拒絕放棄。持續的努力是必要的，透過堅守工作來顯示信念，不必在外面費力地耕耘才能實現。我們絕大多數的人，都急匆匆地試著以自己的方式解決難題，帶著這樣的思想和觀點：我們追尋物質性的東西。你必須把更多的時間投入靜默中，要記著你尋找的靈才是永恆的，在這個星球上，首先形成的一些理念現在證實了它。

信念

　　信念的主題，尤其應該被應用於對財產的證明，它是建造一種財產意識和按照我們已有的，來鑄造世界的起點。我們都有信念，因為這是每個人固有的東西，關鍵在於我們如何使它在日常生活中發揮作用。信念的意志代表著靈，擁有它，才有可能領悟到那些無法被外部世界看到、觸摸到或者理解的現實。這是一種當我們充分意識到「無法看到的東西」和擁有「保證的東西」，卻無法顯現的信念。換言之，信念就是對無形物質的現實，以及我們用來抓住它的心靈屬性的意識。我們必須意識到，是頭腦讓事情成真。

　　「僅僅是一種思想」或者「純粹是一種理念」，我們有時候輕率地說，幾乎未考慮到這些思想和理念，是我們藉以打造生命和世界的永恆現實。

　　每個作品的根基都是理念，信念是一種使理念不僅僅對我們，也對他人呈現出真實性的心靈品質。當別人對你正在製造、建造或者銷售的東西有信心時，他們便把其視為是真實、有價值的。然後你的成功和財產就有了保證。伴隨著信念，你放置於靈的東西，將會在你的世界中顯現。你憑藉著一種對財產法則的理解和信念，來證明財產。在財產運用中，信念和真誠將會保證你的成功。

　　倘若你對外在的東西持有信念，那麼你正在建造沒有實質

內容的影子，一旦你的支援思想從中撤離，影子就會消失枯萎，不留痕跡。

除了上帝和神道，不要對任何東西有信心。因為當信念集中在那裡的時候，你正在建造你的永恆。心和心的理念永遠不會枯萎。神永遠不會有終點。真理永遠不會結束，而神就是真理物質永遠不會終結，而上帝就是物質。用神的靈建造，在現實中培養信念。

我們必須找到一種方法，將實質思想與物質表達思想連結起來，這要根據教義，憑藉禱告和信念來實現。我們總是在發布命令，有時候是有意識的，而經常是無意識的。我們透過每一個思想和話語，增加或者減少物質的活動，結果的顯現符合我們的思想。

忠誠

當你第一次開始認為上帝是無所不在的靈時，你的頭腦並非總是持續地堅持那個想法，你需要激發某種穩定性的理念，其中之一便是對真理的持續性和真誠性。愛堅守在它已經認定的事情上，沒有什麼事情能像愛一樣持久和統一。沒有什麼比堅持理想、永不放棄我們所要完成的工作更重要的了。

很可能你自身思想的一些相反狀況，已經阻礙了全面的證明，但不要因其而偏離自己對法則的忠誠。很可能你收穫結果

的過程非常緩慢，這是你全心全意堅守理念，不改變想法的最好理由。對原則忠誠一些吧！不利的因素將會崩潰，真理的光明將會來臨，你一直忠實肯定的無形物質，將會開始在你身上盡情綻放其美好。這將會摧毀恐懼、抹掉憂傷並改變你的財務狀況。

向前

當舊的思想和狀態已發揮其作用時，有必要釋放掉它們。一個人應該保留新的思想並創造新的狀態，來滿足自己的需求。我們必須透過刪除舊的來騰出空間，才能接納新的思想，創造新的狀態。

事情遠遠沒有你想像的那麼糟糕，絕不要讓自己背上沉重的思想負擔，即認為你正在經歷艱難的時期。你不需要那樣的靈魂結構，而且不應該用那些思想來打造靈魂。你正生活在新的時代，今日才是永遠的，一些偉大的東西正向你敞開。就讓自己追隨著新時代的思想向前進吧！

沒有什麼事情對你而言太重大，以至於無法完成；也沒有什麼事情對你而言太瑣碎，以至於無法駕馭和處理其完整性。聖靈將以完美的方式引領你，甚至細緻到生活的各個角落，如果你允許它這樣做的話。你必定會遵循其意志，盡你所能地相信它，當你追隨它時，它將會始終不懈地引導你。

放棄所有的焦慮並信任神，並非意味著坐下來什麼都不做。我們應當像上帝一樣工作，如同一個兒子追尋著其父親的天職一樣，去和上帝一起工作，我們必定會形成上帝所創造的樣子。焦慮的思想必須被刪除，對孩子本質的完全拋棄，必定是假裝的。

自我學習

所有的事物都有其完全的滿足性，萬事充盈的王國佇立在那裡，那些尋找並願意遵循其法則的人將會找到它。無論你是誰，又有怎樣的急需，你都能證明法則。如果你的思想充滿疑慮，變得鎮定起來吧！要知道你是靈的一種，並具備顯現的法則。

去渴望便是去滿足，若你信靠聖靈並願意毫無抵抗地追尋，那條路對你來說是容易的。；若你有疑問和爭論，將會遭遇阻礙，旅程將會漫長而乏味。

不要太過於關注自我或者你目前的狀態，牢記自己表面上的限制，只會延長其滯留，並延緩你的進程。

不要允許自己受「我不能」這樣的思想控制，他相信局限，並把智慧裏挾其間，把其隱藏在相反的領地，可能沒有增長。

如果你的世界中缺乏清晰性，那是因為顯現法則的需求未得到滿足，這法則以頭腦為根基，透過思想和話語而運行。上

帝讓其發展，其緊隨著法則，我們的職責是維護法則。

運用你的智慧，它將會很好地延伸。談論它，讚美它，向上帝表示感謝。行動就像貫穿它一樣鮮活，一直在增長。

把自己需要的東西，視為已經顯現和自己的東西，不要拖延到某個不確定的未來。

金錢

財富對每個人而言都意味著不同的東西，一些人把財富視為和他們的精神體會是相分離的東西。他們生活在不同的世界中，有錢不是罪惡，貧窮也非美德。把上帝帶入你所有的事務中，一週七天都做所有榮耀上帝的事情，無論做什麼事情都要慎重，要喜樂和稱職，對結果有把握。

一個人只有證明了他的信念和可信賴性，才能拿到聖父財富倉庫的鑰匙。供給之物展露的速度，與使用物質的需求或能力的發展速度相同。你越是更多地意識到生命之靈的存在，它將會為你顯現更多，更加富有將會成為一切事物的共同美好。

有一種固有的才能，自然而然地保留在它自己的東西中。心靈將神聖賦予我們的東西，吸引到我們身邊的力量，是一種可以培養的力量，也應該培養。

我們被賜予以金錢為形式的靈，來有建設性地使用。它被用來使用並滿足即時的需求，不會被囤積或者白白浪費掉。

　　如果你需要錢，就不要指望來自天空的天使，能夠把它從金色的盤子中帶給你。開闊你的眼界，尋找一些賺錢的難得機會，只要你還活著，機會就會來臨。

　　錢是人類的器械，而非主人。錢為人而造，而非人為錢而造。不是錢控制了人，而是人關於錢的理念和信仰控制了它們。每個人都應該被教導如何處理思想，而不是金錢，以便於它們為人類服務，而不是掌控人類。

　　你可能認為要是你有很多錢，你將會活得更好並做更多的好事。如果你有一百萬，事情對你而言也不會變得更好，除非你懂得如何為了自己和他人的利益而使用錢。你會給一個孩子一百萬，讓他去買糖果和冰淇淋嗎？我們必須與我們的財富一起進化，直到我們有能力駕馭它們，然後法則便履行了。

　　在你的財務狀況方面，你必須意識到無所不在的物質，駐紮在體內的永久性。你正站在其中心，當你有財富的思想時，把握好它。請堅持下去，在上帝的繁榮和富足之中，不要從你的聖靈立場上動搖，你將會得到供給，越來越多的豐裕將會在你的生活中顯現。

　　人類關於金錢的思想，就像他們關於所有財產的思想，他們堅信得到的東西就是他們的，就像私人財產一樣宣稱和掌控。他們必須放棄關於「權利」的錯誤思想，必須明白他們無法擁有並占據屬於上帝的東西，而他們沒有遭受沒收的影響。

　　在人類能夠意識到無形的供給之前，每個人必須從大腦中

丟掉關於財產的思想，他們無法自私地擁有金錢、房子或者土地，因為不能掌握這些象徵物代表的宇宙理念。沒有人可以永恆地將任何理念據為己有，暫時擁有的只是現象表面的物質象徵。正是相信個人財產的想法，局限了完滿的理念。

金錢事實上是一種欺騙，承諾了安逸，帶來了關心。它承諾了幸福，卻要以痛苦為代價，承諾了影響，卻還之以邪惡和嫉妒，承諾了快樂卻給了悲傷，承諾永恆然後逃之夭夭。

金錢作為一種「機會基金」帶來了美好的增長。手上有一些錢來做好事，例如醫療、教育，為發展將會給數以萬計的人帶來美好的產業，為了聖靈工作的進一步深化，為了幫助他人創造有用和有建設性的生活，為了許多其他目的和活動。在如此地維護金錢的過程中，一個人必須在頭腦中記住，一種建設性動機的必要性。為了確切的和確定的建設性目的而累積金錢，與因「未雨綢繆」或長期匱乏和苦難的恐懼而囤積金錢，是完全不同的事情。用於「未雨綢繆」的金錢總是僅僅用於那方面，因為恐懼總是會吸引那些令人恐懼的事物。

不要期待或者為任何逆境準備，因為這樣的行為不僅僅是吸引它，而且展現了對上帝和所有上帝承諾的懷疑。積攢於恐懼的金錢，作為一種動力或者任何吝嗇的思想，是不可能帶來任何祝福的。當一個人從囤積金錢的束縛中尋找自由時，他不應該走向另一種奢侈花錢的極端。金錢應該被使用，而非濫用，一個人履行自己的義務是一件好事情。

不要計劃儲備未來，讓未來自我經營。從那一點上去消費任何恐懼或懷疑，都將會榨取你的力量，耗盡你的心力。穩步地堅持宇宙供給無所不在的思想，還有它的完美均衡，以及它在填滿每一個明顯的真空或者缺失的空間時敏捷的行動。

要是你擔憂明天、下星期或者明年，或者你的晚年無法獲得生活必需品，或者你的孩子會陷入貧困，請否認這個思想。別讓自己哪怕片刻去考慮一些在所有無微不至的、所有供給的美好之外的東西。你甚至從你外在的經驗都可以得知，宇宙是自我維持的，其均衡有法則建造。維持一切相同的法則，自然也把你納入其中的一部分。讓你的思想遠離那些在困難時期為信仰而奮鬥之人的破壞性思想。如果你加入關於經濟拮据的談話中，請更堅定地依賴上帝的豐富。

禱告

上帝是強大物質流的源頭，你是那股河流的支流，一種解釋的途徑，禱告將會促進其流動。如果你的金錢甚微或者你的錢包看起來很扁，把它放在你的手裡，為它禱告，看它充滿生命物質，並準備好要顯現。當你穿衣時，為你的衣服禱告，並意識到你正持久地擁有上帝的物質。不要只集中在你自己、你的興趣、你的得失上，要意識到物質的宇宙本質。

給予

給予的行為與神的法則相統一，它包含了承認上帝是一切增長的賜予者，除非我們意識到供給的源頭，我們才在持續使用上面有保障。

讓我們像上帝一樣毫無保留地給予，不要想著回報，別要求那些得到我們奉獻之人的報酬。有保留的禮物不是禮物，是賄賂。只有當我們自由地給予時，才會得到增長的承諾，把禮物全部分發出去，並意識到法則通用的範圍，然後禮物才有機會發出去，加倍換回來。不知道禱告在實現之前，需要旅行多遠的距離。這是個美麗動人並鼓舞人心的事實，即它回歸需要的時間越長久，那麼它經過越多人的手，便為更多的心靈禱告。所有的這些手和心靈，都在物質中增添了東西，當其真正回饋時，它便增加的更多。

真正的給予是聖靈啟動的心靈，回應聖父的心靈之愛和慷慨，別讓靈魂枯萎。當給予被實踐時，靈魂在自由和慷慨的榮耀中充盈，開始變得像上帝一樣。除非思想、心靈和靈魂，每日都向寬廣、自由敞開，這正是我們的上帝和聖父的特徵，否則就不可能完全恢復上帝的形象。

為了使給予計畫能夠成功，必須遵守幾件事：首先要有一顆樂意的心。其次是給予必須用信念完成。不能因為給予看起來很少而扣留。不是給予的數量，而是給予的精神決定了它的

價值和力量。以信念給予的結果是確切的，法則在任何時代都
是經久不衰的。

　　遵守施與受法則的必要條件是，所獻的祭物應與所接受的
一切，有公正、公平的比例。智慧的捐贈與滿足上帝的財富密
切相關。

　　給誰以及什麼時候給，都是非常重要的問題，在這方面有
幾個事實值得考慮。每個人都發現，有必要相信他的智慧之靈
會在自己的心中顯現。沒有可以詳細遵循的規則或先例，仔細
研究聖靈給予的法則，將會幫助一個人去按照它們理應被實施
的方式來實施。

　　真正的精神給予，會回饋雙倍的喜樂。我們禱告中的一點
是讓知識滿足，這些是關於滿足法則，並且向上帝償付我們的
愛和公平的債務；另一點是分享上帝恩惠的喜樂。公平第一，
其次是慷慨。

　　把自己視為分發上帝無窮無盡供給物的管家吧！在給予
時，要感到快樂。絕對不要有任何的想法，認為你在給予慈
善，盡你所能來打消這種錯誤的念頭。擁有盈餘的人只是上帝
的一個管家，只是履行了上帝管家的工作而已。當一個人尋求
關於給予的神聖智慧並理解時，它就變成了一種對施與者和接
受者都是喜樂的東西。

什一奉獻

在舊約中所記載的什一奉獻和十分之一，都被視為是透過承認主是供應的來源，而合理且公正地回報給主的。什一奉獻是將一個人的十分之一所得，獻給上帝和祂的工作，奉獻是一種心照不宣的協議，認為在他的財產統領方面與上帝為伴。這便致使了一種自信，並保證無論做什麼，都將會帶來某種成長。

什一奉獻確立了奉獻的方法。它為意識帶來一種神聖的秩序感，這種秩序感在一個人的外在生活和事務中，表現為效率的提升和更大的繁榮。這是目前為止證明富裕最確切的方式，因為它是上帝自己的法則和給予方式。

現如今，我們在來自於上帝的、更大和更飽滿的祝福下生活，這些超出我們的預料。我們因此滿足了有根據性的給予，並記住奉獻的法則。如果說古代法律要求繳納十分之一，那麼我們現在應該欣然繳納，這當然也同樣合適。

奉獻可能是一個人的薪水、報酬或者津貼，或者商業的淨利潤，或者來自於銷售貨物所得款項的十分之一。它是基於各種形式的所得，無論它透過什麼管道而來，因為人類成功的管道有很多。這十分之一應該用來維持一些精神工作或工作者。甚至在個人支出之前，就應該先將其分開，因為在事物的正確關係中，上帝永遠是第一位的。緊接著，萬事萬物都遵循著神的秩序，落入恰當的地方。

　　成功的偉大應許是，如果一個人首先追尋上帝和其公義，那麼一切都會加給他們。追尋上帝王國的其中一個最實用和理智的方法，便是成為一名奉獻者，把上帝置於財產的首位。它是上帝的承諾，是所有已經嘗試過的人的經歷，所有的一切對他們的舒適和福利都是必須的，幸福已經以一種充裕的方式添加其間。奉獻以給予的方式形成，並帶進一種秩序和健康的意識中，這些將會隨著逐漸增長的效率和更多的財產，在一個人外在的生命和事物中顯現。

　　另外一種遵循著什一奉獻的禱告，是持續不斷地「放手」一個人接收到的東西，心靈保持向美好事物敞開的狀態。偶爾贈送一份大禮物，然後等待一段時間後再贈送另一份禮物，不會帶來持久的好處，因為一個人的心智通道，可能會同時被恐懼、匱乏或自私等物質思想堵塞。

　　當一個人繳納什一稅時，他就是在不斷地奉獻，因此沒有貪婪的精神、沒有恐懼、也沒有限制的思想來控制他。沒有什麼比什一奉獻的實踐，更能讓一個人的心靈持續地接受隨之而來的美好東西，無所畏懼而自由。每天、每週、發薪日，無論何時，什一稅都會捐出十分之一。當他的財富增加時，他的第一個念頭就是感謝上帝，並將新收入的十分之一獻給上帝。如此，棲息於上帝身上自由、開放的思想，毫無疑問會帶來生活中的歡愉和真正的財富、真正的滿足。什一奉獻建立在不會失敗的法則上。

債務

債務的思想將會催生債務，只要你相信債務，你便會深陷債務中，並隨著那種思想累積負擔。凡是不免除所有人債務的人，他很可能使自己深陷債務中。

債務是宇宙均衡中的一種矛盾，在全宇宙中，不存在不平衡的情況。因此在精神和真理中，沒有債務。人類堅守著一種債務的思想，因而導致了繁雜的憂傷和困境。

債務存在於頭腦中，這是開始清理它們的恰當地方。先於它們外在的顯現，將會消失和清除，在頭腦中的這些思想實體必須被消滅。分析這些債務的思想，你將會發現它涉及一種缺失的思想。我們應該是頭腦中充滿一切滿足的思想，沒有缺失的地方不存在債務。償付我們的債務，其方式就是理念的心靈思想充裕我們的頭腦，這些理念與那些引起債務的缺失思想完全相反。

看看到處都是的物質，並證實它們。不僅是為了你自己，也為了別人，尤其是要對那些你以為虧欠你的人證實其富足。相比於僅僅從你的帳簿中劃掉他們的名字，你將會幫助他們更容易地償還債務。透過免除他人的債務，並為他宣告他在精神上已經擁有的富足，來幫助償還對方的債務。這種充裕的理念，也將會為你自己的生命帶來果實。

債務因為缺失、急切的渴望和貪婪而產生，當這些思想被

克服時，債務被克服，諒解並圓滿地償付，我們自由了。

現在償付自身債務事物的大門為你敞開著，把你所有懷疑恐懼的債務一併交給上帝吧！讓祂完全地統領你的生活和事物。把你的生意、家務事、財務交托給祂，讓祂支付你的債務。甚至祂現在已經這樣做了，祂當然渴望將你從債務中解救出來。祂正引導你擺脫債務的負擔，無論是欠債還是被欠債，愛讓你回歸自我。

浪費

任何一種形式的浪費，都違反了神聖的守恆定律。男人和女人把他們的精力分散在四處，努力滿足肉體的慾望，然後想知道為什麼他們沒有展現出成功。如果你的物質到處都是，被花費在放蕩的思想和生活中，它如何能達到展現的程度呢？當你克服了浪費的慾望時，你將會開始累積作為一種財產顯現的物質。不要盲目花費，也不要盲目節省。

缺乏

我們唯一的缺乏，就是關於撥款的缺乏，在事情添加到使其圓滿之前，我們必須尋找神的王國，並合理撥款。

克服任何關於你注定要貧窮的信念，要毫不猶豫去想那些財產是你的，不要感覺不值得。沒有一個人是無望的，除非他

甘居於設想的命運中。

否認每一個失敗的表象，堅固你的槍，思考財產，談論財產，證實在面對問題和疑問中的供給、支持和成功。為所有你的事物富足而感恩，確切地知道，你的美好現在正在精神、思想和表現中實現。

每當你說：「我有點缺錢。」、「我的錢不夠花。」你就正往自身的意識上設置局限。關注你的思想相當重要，以便於更大的供給能夠穿越你的頭腦，進入你的事務中。在現實生活中，任何地方都不缺少任何東西，唯一的缺乏，便是人心中對缺乏的恐懼。我們不需要克服任何缺乏，我們必須克服缺乏的恐懼。

對缺乏的恐懼，導致人們進行投機以累積物質並大量儲存，這種行為將致使他人對缺乏更加恐懼。情況將變得越來越糟，直到人們普遍認為，我們必須堆積物質，以備將來可能的缺乏。我們必須學著去理解神聖的的供應法則和最初的信條，那就是我們每天都有我們的麵包。任何超過我們需求的東西，對今天而言都是一種負擔，物質一直都在這裡，供應我們每一種需求。從基礎的事情開始，為你和為我的東西都已經足夠了。

損失

否認你可能會丟失任何東西，拋棄那些關於財產損失，或者其他種類損失的負面思想，要意識到在整個宇宙中沒有任何

東西是永遠丟失的。機會無所不在，總有機會來提供所有你在財產上或者其他方面需要的東西。

新的理念從內在向你靠攏，甚至一刻也不要認為，你被局限在那些來自空無的信念，許多信念過多地成長，已經超過了它們使用的期限。這就是為什麼我們經歷一些變革的階段。舊的陳腐思想應該被拋棄，取而代之以新的和更好的。我們可以發現一些新的生活方式和新的工作方式，我們不局限於過去的套路和方法。

支付帳單

支付所有帳單的資金，可能不會突然一次性出現。當你觀察、工作和禱告時，讓自己停留在上帝的領導和祂充裕的意識中，你將會注意到你的資金開始「這裡一點、那裡一點」地增長，並且當你的信念增長、焦慮停止時，它會增長地越來越快。

不要屈服於「輕鬆付款計畫」的誘惑，任何在你收到款項之前，就耗盡你錢袋的支付，都是不容易的。不要讓虛假的驕傲，引誘你以一百美元的薪水，假裝一千美元的外表。有時，您可能會為了滿足對某些東西的渴望，而錯過支付帳單。這很容易導致一個人養成拖延付款的習慣，從而在他們意識到之前，就將債務的魔咒固定在他們身上。

債主

當你開始累積資金準備償還債務之前，請帶著充裕的思想為你的債主禱告，透過把他們包括在你為增長的禱告中，堅守他們擁有的信念。合法的商業透過被稱為信用的東西來運行，對於那些欣賞其價值並當心不去濫用它的人而言，這是十分方便的。這樣做會毀了它，沒有人應該承擔一種義務，除非他已經準備好在到期之前，能快速並心甘情願地支付。

一刻也不要允許自己，因為在任何貿易或討價還價中，從你的合作夥伴身上得到更多利益而歡愉，要穩步地堅守作用於你身上的公平和正義法則，要明確地知道你已經被提供了所有一切來滿足自身需求的東西，充分認可你所得到的一切，要求你給予相同的一切東西，不要試圖透過人的方法，來強制執行該要求。有一個更好的方式，把自己當成擁有充沛力量的聖靈，要知道聖靈的需求必須而且將會被滿足。

繁榮之家

在證明家中的繁榮之時，首先要做的一件事情，就是拋棄所有負面的思想和話語，在家中建立一種積極的思想氛圍，一種脫離了恐懼和充滿愛的氛圍。

敬愛是社會的心臟，心臟是愛的核心，愛是世間最能吸引人的力量。人的心臟或者作為社會心臟的家，必須映照著上帝

的愛，然後它將會變成一塊能從各個方向吸引所有美好的磁鐵。

上帝為每個家庭提供了充足的供應，該供應具有普遍實質內容，僅響應法則。透過應用法則，物質被吸引到我們身邊，並開始為我們工作。

永遠不要在家庭之事上斷言，無論其表面看起來多麼真切，你都不想看到家裡的情況那樣下去。透過談論缺乏，你就為在壁爐旁不受歡迎的客人，製造一個舒適的空間，它將會持續。用充裕、愛和上帝的神聖思想以及話語裝扮家，這個不受歡迎的客人將立刻離開。

如果你的房間空空的，不要相信表面，堅信繁榮顯現在每個房間的每一個角落，永遠不要想著自己很窮，不要談論關於艱苦歲月或者嚴格節約的必要性，甚至「隔牆有耳」，不幸的是，記憶也是。不要想你幾乎一無所有，而是要想你得到的東西。

談論富足，想像富足，感恩富足，在相同的工作中，招募所有的家庭成員，把它作為一種遊戲，很好玩。比那更好的是，它確實發揮作用，每一個家都可以繁榮昌盛。

永遠不要譴責家中的任何事情，如果你想要新的家具或新的衣服，來取代你現在擁有的東西，不要說你現在的東西是舊的或破的。注意你的話語，看看你自己穿的恰好與王的孩子相合適，看看你的家具恰好按照你的理念，在家的氣氛中播撒富裕和充足的種子，它將會向你走來。使用農人在種植和耕地時的耐心、智慧和勤勉，你的農作物一定會豐收。

像其他人一樣

那些認為有必要像他人一樣，或者要和他人擁有一樣多的東西，會導致一種焦慮，進而阻礙在證明時信念的實施。每個人都在無意中順從建議，把自己的家布置得與鄰居相同。這裡有個例外，一些人自主表達自己的想法，頂著繁多的建議，去買那些他真正想要或者一些真正舒服和有用的東西。這種自由獨立的精神，更有助於證明一種繁榮富強。

不要嫉妒有錢人，永遠不要因為他們有錢而你沒有，就譴責他們。不要質疑他們是如何得到這些錢的，也不要好奇他們是否誠實。那一切都與你毫不相干，你要關心的是，如何得到屬於你自己的部分，並透過考慮上帝無所不在的靈，以及如何透過愛來保留它，而達到目的。與上帝的接觸將豐富你的靈魂，以愛的方式保留它們，你每天都會得到足夠的量。

態度

告訴我，你對自己和鄰居持有怎樣的看法，我就可以告訴你，在財產和家庭和諧方面的具體期待。你懷疑你的鄰居嗎？如果你憎恨並不信任人類的話，你將無法愛和信任上帝。愛與恨，信任與不信任，在你的頭腦中無法同時顯現。當你懷有其中之一時，你必須確定另一個是不存在的。信任他人，並用從此行為累積的力量去信任上帝。魔力將發生，奇蹟在眼前，愛

和信任是動力，關鍵力量。你責難那些做賊的人，並害怕他們將會拿走本來就屬於你的東西嗎？帶著這樣的思想，將會在頭腦中產生擔憂甚至恐懼，你的意識中被塞滿黑暗，又怎能容納下聖父保護性的光明呢？在你身邊築起愛和物質的牆，放飛作為保護你的愛和信任的無形使者，他們是比員警或偵探出色的士兵。

簡單的生活

靈魂已經厭倦了人造世界的磨損和眼淚，在簡單的生活和匱乏之間有很大的區別，這兩者在一些人的頭腦中達到統一，這就是他們為什麼避開簡單生活的原因。甚至那些在一定程度上已經理解了聖靈的人，有時也會熄滅頭腦中所有關於簡單生活的思想，他們害怕別人會認為他們無法證明富裕。

簡單的生活並非意味著匱乏，也不是禁欲主義，而是一種意識的狀態。它是在生活和愛中的喜樂、寧靜、滿足和滿意，透過思考上帝並在聖靈和真理中敬拜祂而獲得。

成功

成功或失敗，取決於那些成功之人和失敗之人的心態。要想獲得富裕，就要考慮富裕、產業和效率。把你的頭腦填滿成功思想的活水吧！要意識到所有美好的事物，都根據神聖的權

利屬於你。在其間增添幸福和歡樂的思想，你將會得到豐足的祕訣，以及長久的繁榮和成功。

凡是尋求聖靈的供應，並將自己的事業服從正義和公義律法的人，總會成功。關於人類為何無法證明許多神的支持，其原因是他們固守在一些自私和不公平的思想中，一旦察覺並遵循基督的思想，成功將會順其自然而來。

當我們奉獻最好的一切，為祂做一切事情，在我們所有的事情上承認祂時，上帝就會讓我們成功。這是通往成功的確切途徑。當成功來臨時，我們應該意識到，它是聖靈在我們體內工作的結果，因為我們把自己變成了基督思想可以借此顯現其理念的途徑。真正的基督徒從來不會宣揚他是自我塑造的人，因為他很清楚地知道他是誰，他所擁有的，以及他曾經可以期望和擁有的東西，都是上帝透過他的闡述。

✝繁榮

讚美和感恩

在聖靈裡，讚美積攢著，在意識中，這種才能被稱為求知欲或好奇心，它累積了物質性的東西。讚美開啟了被稱為神奇的超意識領域之門，在這裡，思想滿是積極向上的飽和，和卓越的品格。每一種高尚的理念，所有在宗教、詩歌和藝術中激發並理想化的激勵，都植根於此。它是所有事情中真實和真正的王國。

讚美是視力和聽力的組成部分，是厭倦的贖罪，從它引出了世界的救世主。祈禱不應該是祈求，而應該是歡欣鼓舞的感恩。禱告奇蹟般地加速了頭腦的運行，就像一塊強而有力的磁鐵，吸引了精神品格，這東西在它們於頭腦、肉體和事物中被表達時，改變了整個人類。

靈性

靈性（禱告和讚美）是頭腦中的一種根本性能力，是使得人類和上帝直接相連繫的意識，並透過禱告和其他宗教的思想和敬拜形式，被加速和擴展。當我們禱告時，我們審視內在的東西，不是因為上帝離開了天空，而是因為這聖靈的核心在頭頂，並開始變得積極，我們的注意力自然而然地集中在那裡。

禱告

禱告對人類而言是順其自然的東西，為了豐滿其特性，它應被好好修練。禱告是靈性的語言，當發展時，禱告使得人類掌握了創造性理念範疇的東西。為了從這種才能的應用中得到結果，隨時隨地都應該注意正確的思考。要禱告，相信禱告可能或者不可能按著上帝的意願被回應，是注定要錯失目標的。這是一種頭腦的法則，即認為每一種理念只要懷有就會被充盈，這法則在聖靈的王國中保持真實性。

在我們的知識和頭腦的行動光輝下，以這些話語闡釋的法則是清晰的。更進一步，顯示的信念對禱告的可靠答案是完全有必要的。如果為未來的富足而禱告，我們便在意識中形成了那種思想結構，同時我們的禱告，總是在等待我們理想化的未來實現。

要是我們禱告時，認為不值得擁有我們要求的東西，這些不真實的和不確切的思想將會自己跑出來，我們就會逐漸以懷疑和疑問的眼光來看待禱告。

上帝的意志

神聖心靈的意志被設置在禱告中，這一結論尚未被推斷出來。我們禱告上帝的意志進入體內，並變成生活中能動的因素。聖父沒有帶走我們的意志，在運用這種意志的才能方面，

祂給了我們最大的自由，也傳授了一種對法則的理解，透過我們可以製造任何我們所渴望的條件。

聚合

聖靈的其中一部分，便是聚合神的理念，透過這個行動，人類確實從宇宙心靈中吸收到了真實的理念，這樣的話，禱告便是漸增的，它集聚了聖靈的靈性，生活以及智慧，集聚了一切對人類的高層闡釋具有必要性的東西。當我們在聖靈的理解中禱告時，這就是人類的心靈接觸宇宙和非個人心靈的最高境界範圍，是神的心靈與人的心靈對接。上帝以理念、思想和話語回應我們的禱告，在時間和特定狀態下，這些將被傳送到外在的世界中，感恩於我們的禱告已經被回應和滿足是必要的，不管外觀如何。

帶著對理念和領悟實現之間關係的理解和認識，基督加速了自然的緩慢進程，麵包和魚被快速地增加。我們不可能立即獲得如此迅速的法則實施，但我們將接近它，並且當我們使自身的信仰更接近神聖思想領域的完美時，我們將會加速自然的進程。

回應

讚美與禱告極其相近，它是靈性自我解釋的一種通道。透過內在的心理法則，我們增加了所讚美的東西，整個創造向讚

美回應，這是令人喜悅的事情。

馴獸師訓練寵物，會用美味佳餚獎勵牠們的服從行為。當孩子們被讚美時，他們便會沐浴著喜樂和歡愉，每一個被讚美的草木都會生長得最好。我們可以讚美自己的能力，而且當我們說一些鼓勵和感激的話語時，我們的大腦細胞會擴展增加容量和智力。

思想的原料

頭腦依賴於一種無形的思想原料來運行，透過人類尚未完全理解的法則運作來創造事物。每一種思想都以一種增加或者減少的方式朝著這種無形的物質移動，當我們讚美上帝的富有和富饒時，這種思想的原料就在我們的頭腦氛圍中快速地增長，它反應在我們的頭腦和手所接觸的一切事物中。當平常的事物被注入我們關於神靈意識的時候，它們正被轉變成為我們自己的理念。

透過持續的讚美，一個失敗的生意可以被稱讚為一個成功的商業計畫。即使是無生命的事物受到了讚揚，也以有序的服從方式做出回應，在這之前，它們看起來是無法管理的。

一個農婦將法則運用在縫紉機上，她一直認為縫紉機狀況不佳，後來這件事並沒有給她帶來什麼麻煩。一名活字排印機操作工人接受治療師的某種精神治療後，他原本表現不佳的排

字立即轉入一種和諧有序的狀態中。一個居住在村鎮的婦女在其客廳中有一條地毯，多年以來她一直希望這條毯子能夠被一條更好的替代，她聽說了法則之後，便開始為這條地毯禱告，令她驚喜的是，在兩週之內，她就從一個意外途徑得到了一條新毯子。在禱告中潛伏著一些簡單的可能性闡述，無論這些變化是發生在無生命的東西上，還是一些與其交易的個體上，都沒有多大關係，只要渴望的結果已經被實現。

健康和供給

把讚美運用在任何你希望增長的東西上，對其正在充盈你的理念表示感恩。信念的法則，被有信念地遵守，將會回報你。你可以讚美自己從虛弱中走向強壯，從愚昧到智慧，從缺乏到富足，從疾病到健康。只有幾片麵包和魚的小少年，透過禱告和對基督的感恩，有效率地增加其供應來養育五千人。

所有帶來永恆結果的原因，都源自於聖靈中。靈性、信念和愛是上帝給予的才能。當我們的意識提升到祂們的層次時，它們會根據我們可能無法理解的精神法則自然地行動。如果我們與內在天國的神聖心靈建立正確的聯繫，聖父肯定會回應我們的禱告。倘若我們遵守法則，祂將不會從我們身上帶走任何美好的東西。

我們需要對上帝的本質有一個更好的理解，若是決定遵守祂創造的法則時，我們必須從知道「上帝是靈」來開始。聖靈無

處不在 —— 生命的呼吸和心靈的認知品質活躍並通過其間。禱告的最高層次形式，就是打開我們的心靈，安靜地意識到一種無所不在的智慧，知道我們的思想並持續地回應著，甚至在我們表達自身的渴望之前。

這是真實的，我們應該詢問，同時對我們所擁有的表示感恩。基督闡述了這一理論，當我們以一種潛在的聖靈形式思考或者靜靜地訴說時，總會有可靠的結果。

「要時刻讚美廚師的廚藝」是老兵對新手的指導。經驗告訴紳士們，讚美和感謝的方式可以融化最堅硬的心，並且常常打開熱情好客的大門。商人已經發現「謝謝您」擁有商業的價值。舊時期的先知知道，在感恩中固有力量的增長，「讚美上帝」在讚美詩中一遍又一遍地被重複。

增長

我們透過禱告和心靈的祝福來增長生命力，為了有效率地促進這種增長，我們必須理解靈魂和頭腦核心的結構。

經驗表明，一個人透過對自己所擁有的心懷感激，可以增加自己的幸福。即使在精神層面上，感恩也是一塊巨大的磁鐵。當從精神的角度表達感激之情時，它就被極大地增強。在飯桌上說感恩的習俗，來源於人類對使用其增長力量的嘗試。

一位婦女承擔一個大家庭，卻沒有明顯的經濟來源，她講

述了這項法則在為她的孩子提供食物方面，發揮了多麼出色的作用。在她走投無路時，便尋求一個理解這法則之人的建議，她被告知去靜靜地感恩上帝在飯桌上的豐富賞賜，儘管只是外觀。她和孩子們開始這樣做，在短期內食物供應量有如此多的增長，令他們吃驚不已。她迅速地還上在雜貨店的帳單，而且這個家庭被以最美好的方式供給食物，從那以後他們再也沒有缺乏過。

一句簡單的禱告語，折射出了我們所擁有的或者我們設想可以擁有的東西，就像全能的上帝之子，至少會開始釋放出超豐富的精神實質，而且我們在面對聖父的供給時，能夠有內在的自信和信念。

基督警告我們不要為短暫的需求而焦慮，而是要去禱告、相信，祈禱並感恩；然後面對看起來似乎不充足的東西，我們將能夠證明豐富性。

做好準備

當我們與內在的聖靈交談，並且尋求新的想法時，它們總會立刻到來。當這些來自於我們自己的理念被意識到時，它們便開始工作，露出表面。然後我們曾經擁有的所有思想以及他人的思想，被添加到它們身上，新事物快速地產生。讓我們戒掉對別人在一切事情上的盲目依賴，開始成為生產者，因為只有以那樣的方式，才會存在快樂和成功。讓我們開始集中注意

力於內在的人，這強而有力的人可以生產東西，從一種更高維度的領域獲得理念，並從一種新領域中帶來理念。透過你的思想，你將會給予這種內在的本質何種特性？轉變思想並增加頭腦中的物質，就像以利沙（Elisha）為寡婦增加油，拿來更大的容器，即使是非常小的實質概念，也可以被添加和增加。

寡婦有極少的油，但是正如先知所禱告的，它在增加直到填滿每一個她從鄰居那裡借來的器皿。我們都要養成為一切事情禱告的習慣。

對一些人而言，我們為五分錢、十分錢和美元禱告，似乎是愚蠢的行為，不過我們知道，自己正把增長的法則付諸實踐。所有物質都是一體且相互關聯的，無論是有形的還是無形的。頭腦喜歡那些已經形成的、有形的東西，可以接受建議。帶著這種設想，我們的頭腦開始工作，並從無形的領域中汲取物質，從而增加我們手中的東西。

以利沙用少量的油去生產更大量的油，因此當我們為金錢或者其他東西禱告時，就在遵循著已被多次證明的神聖增長法則。

祝福和詛咒

以色列人非常重視祝福，確切地理解，一個祝福就是一種偉大的激勵源泉，它在頭腦中放置了堅固的根基，帶來美好的

事物。一個詛咒看到了魔鬼，並強調它，一種祝福只看到了美麗並且只強調美麗。那些用其心靈去詛咒的人將會得到詛咒，然而祝福的心靈將會收到祝福。祝福賦予人加速成長和增長的精神力量，這就是乘法效應。

讚美是生命的正極，如果你貶低自己的生活，那麼你就降低了生活的意識。所有在精神事物上達到高度的人，已經記錄下了他們的貢獻。基督用整個夜晚來禱告，他似乎以一種在每個場合都幾乎相似的氣息，在詢問聖父並感恩祂，在那裡祂做得很出色或者闡釋了一種顯著的真理。讚美在我們的精神思想中是一種積極的原則，應該被放置於所有感激的第一位。

✝ 讚美和感恩

愛

在神聖思想中，愛是宇宙系統的理念。在解釋中，愛能夠聚合和連接宇宙以及一切事物到神的和諧之中。在心靈的各種能力中，愛是至關重要的。它在體內的精神活動中心是心叢。愛的身體代表是心臟，心臟的作用是平衡體內的血液循環。就像心臟平衡了體內生命的流動，愛也協調了頭腦的思想。

我們將靈魂力量與我們的愛所集中的事物聯繫起來，如果我們熱愛感官或物質性的事物，就會透過固定的存在法則與它們結合或依附。在存在的神聖秩序中，人的靈魂或思想部分與其精神自我結合在一起。若是它允許自己與外在或感官意識結合，它就會使個人形象成為限制。

新生

在新生中，我們的愛經歷了一種轉變，得到擴展、增強和深化。我們不需要再把愛局限於家庭、朋友和私人的關係，而要把它擴展到足以包含一切事物的程度。乍一看，對人際關係的否定，似乎是對家庭群體的否定，但它僅僅是一種對源自於愛的、有限制性的信念淨化，當這種才能可以憑藉親屬關係實現自我滿足。

對愛的反思

一個人應該把在宇宙心靈中經常性反思愛的理念作為一種常規，帶著這樣的禱告文，「神的愛，在我身上顯現」。精神應該在一些時期集中於愛上，思考愛，組成愛的所有理念將會動起來。這便產生了一種積極的愛之潮流，帶著力量出發，將會打破對立的仇恨思想，並使它們無效。

仇恨的思想將會被溶解，不僅僅在思想者的心中，而且在那些與之連繫的心和身體中。

愛的潮流不是意志的投影，它是對一種自然、均衡與和諧力量的釋放，而在大多數人身上，這種力量已經被人類的局限性所阻擋。

普通人不會意識到他掌控了偉大的力量，這力量將會捲走每一種正在瞄準他的憎恨礦井。人類有一種原始的才能，存在於每一個靈魂，時刻被用來在那些因為誤解、爭論或者自私而分裂的人身上，產生和諧以及團結。

愛不僅僅是一種感情，所有用來捍衛我們的愛之話語都毫無價值，除非我們有這種內在的水勢，那才是真正的實質。儘管我們有人類和天使的口才，但如果沒有這種深層次的感覺，它對我們而言毫無利益可言。我們應該否認那些僅僅是常規和表面性的感情，將心思放在愛的實質上。

調整

慈善不是愛，你可能十分熱心，給予貧窮者和需要者，直到自己變得枯竭，然而這不能稱之為愛。你可能是真理事業的殉道者，在高尚的事業中消耗你的壽命，然而那遠非愛。愛是一種力量，就像在熔爐中熔化的金子一樣，奔流在身體和頭腦中，而無法與其他金屬混合，對除了自己以外的任何東西都沒有親和力。愛是忍耐的，永遠也不會變得疲憊或者沮喪。愛總是善良溫和的，不會嫉妒，嫉妒在它的世界中無落腳點。愛從來不會因為人類的驕傲而膨脹，也不會吹噓自己。就是愛雕琢了自然的男子或者女士，儘管他或者她對這個世界的文化標準依然混沌。愛不尋找自己，它是自然而然的，不需要尋找。

基督宣告了人類家庭的相互關係，他的教導總是溫和、無抵制、充滿愛。要做到這些，一個人必須建立在神聖之愛的意識中，肯定有一個心靈的本質原則來保存一種如此高的標準。神的法則建立在一切事物的永恆有機體中。

無所畏懼

心中的神之愛在無所畏懼和不可屈服的勇氣中構造一個人。一個理解這種法則的女人被流浪漢伏擊，她用鎮靜的眼神看著他說：「上帝愛你。」他便放下抓她的手，然後悄悄溜走。另一位婦女看到一名男子，正在毆打一匹無法將貨物拉上山的

馬,她靜靜地對他說:「讓上帝的愛填滿你的心靈,你是溫柔和善良的。」他便放開了馬,這感激的動物直接朝女人的房屋走去,把牠的鼻子倚在她站立的窗戶邊。一個年輕的女孩對一名無情的罪犯唱道:「基督,我靈魂的愛人。」男人的心一下子變得柔軟,他被拯救了。

　　新的天堂和新的地球正在人類和社會中被建造,這世界基於愛。當人類互相理解彼此,愛便增加了。這不僅僅在人之間是對的,在人與動物的世界之間也是對的,甚至適用於人類和植物的世界。

情懷

　　我們可以談論上帝的智慧,不過神的愛必須用心來感知,它無法被描述,沒有親自感覺到它的人,無法從別人的描述中獲得此概念。我們談論越多關於愛的東西,它將會在意識中變得更強大。倘若我們堅持考慮愛的思想,說愛的話語,我們肯定能把那無以言表的偉大之愛帶進自己的經歷中 —— 上帝的至愛。

純潔

　　有一種普遍流行的看法認為,只存在一種愛,上帝的愛和所有源自於祂的愛,因此所有的愛都是上帝的愛。愛是一種神

的原則，人類可以透過在本源的觸摸，來知道它的純潔性。它不帶有任何人類思想的色彩，而是流淌出一股純粹、清澈的無限狂喜之流。它沒有好的或者邪惡；純潔或者不純潔的意識，只是把自己傾入充滿活力的、有吸引力的大洋中，被任何願意的人使用。

思維賦予一切創造物色彩、色調、形狀和特徵。錯誤的思想在愛中注入了貪婪，當愛被染上了自私，我們就知道錯誤的思想已經把清澈的河流弄得泥濘不堪，因此不再需要源頭的純潔性了。

一塊磁鐵

愛是吸引心靈的力量，它是宇宙的磁鐵，若是一個人按照神聖的秩序思考，那麼存在的所有屬性，都可以集中在它的周圍。許多人已經發現思考真理的法則及其影響，疑惑為什麼掌握思想獎金的供給，沒有在數月後或數年後到來。這是因為他們沒有開發愛，他們已經在頭腦中形成了正確的設想，但是從存在的倉庫吸引物質的磁鐵還沒有付諸行動。

為了證明供給，我們必須思考供給，這樣便在意識中形成它。我們必須保存頭腦中所有關於物質的理念，並在思想、話語和行動中貫穿著愛。然後在隱形的羽翼上靠近我們，這將會滿足每一個人的需求，這就是證明富足的祕訣。

　　愛從來不會把它愛著的東西視為錯誤的，要是這樣做的話，它就不是純潔的愛。純潔的愛中沒有歧視的力量，它僅僅把自己傾注於感情的客體上，不算計結果。這樣做，有時候愛會在豬面前鑄造珍珠，可是其力量如此巨大，以至於它將會改變它接觸的一切東西。

邪惡

　　不要在一切被稱為所謂的世間邪惡的東西上吝惜你的愛，要否認邪惡的外表，證實愛和美好的無所不能和無所不在。不要考慮出現在你生活中和事物中的邪惡，拒絕把它視為邪惡。宣布看起來似乎邪惡的東西總有好的一面，這將會因為你持之以恆的證實而使其可見。透過使用你自身思想的創造性力量，你將會把那些看起來邪惡的東西變成好的，神的愛將會把治癒的香膏灑向它們。

　　要時常記得，愛是神的偉大磁鐵，它只是它自己，既不好也不壞，這些是透過人類的思想才能賜予它的品質。無論你在愛中看到什麼東西，它將會吸引你，因為作為磁鐵，它能吸引任何你渴望的東西。

　　把你的愛集中於自身和自私的目標，將會導致它把你圍困在個人有局限性的事物，以及空虛的生活意識中。把你的注意力集中於物質世界的金錢和財產上，將會使你變成它的奴隸，並會使得你的生活失敗和失望。

困難

你可能相信愛將會把你帶離困境，對其而言，若將你的自信放置其中，並在行動中沒有掩飾，那要為你實現這樣的目標並不難。不談論愛，並在你的心中感到憎恨，這將會導致你身體的混亂。愛是直爽和坦白的，欺騙不是愛的一部分，那些試著在這種陪伴下使用它的人，將會自我證明是個騙子，愛在最終會拋棄他。

愛是自身的一種滿足 —— 不是那種對個人、財富和魅力的虛榮心滿足，而是一種內在的滿足，在任何地方、每個人身上，都能看到美好的事物。它堅信一切都是美麗的，透過拒絕看任何事情都很糟糕的方式，它發揮這種品格在自身和所有事情中顯現的最高境界。當只能感覺並看到美好時，又如何不滿足呢？

普遍的目標

當愛這萬能磁鐵，在我們人類的意識中發揮作用時，它將會改變供應人類需求的方式，將會協調所有自然的力量，將解決所有現在大量出現在地球和空氣中的混亂。它將掌控這些元素，直到它們順從人類並帶來所有供應人類需求的東西，而不需要人類臉上汗水的勞動。在愛的力量下，地球可能變成樂園，這種狀況將開始為每一個人設置，只要他儘快在自己身上發掘愛。

✝ 愛

饒恕

饒恕是一個為真理放棄錯誤的過程，從心靈和身體中擦除罪惡和錯誤。它與懺悔密切相關，那是一種把信念從罪中移至上帝和公義的轉變。罪是缺乏神之法則的墜落。真正的饒恕只有透過用真理的思想和話語，更新心靈和肉體才能實現。

饒恕真正地意味著，放棄那些你不該擁有的東西，基督說人類有權利饒恕罪惡。懺悔和饒恕是人類擺脫罪，並且使得它的結果與法則相協調的唯一方式。

懺悔

懺悔是在全能上帝的指引下，思想和心靈的轉變。當我們懺悔時，就衝破人類的思想，深入到一種聖靈思想的領域，即上帝的王國。

希臘語「metanoia」被翻譯為「懺悔」，它被解釋為向上帝承認對過去的罪感到悲傷，並決心在未來行善。為此的行動領域已經被設想為美好，這在上帝的眼裡幾乎已被執行。

對懺悔罪惡的人而言，總會存在希望。懺悔的心態對那些處於錯誤邊緣的人而言，是一種極好的狀態。倘若你發現自己正在遭受違反法則的結果，馬上開始一場正義的懺悔。只要你

懺悔了，並意識到聖靈的方式是歡愉的方式，你的罪就會饒恕你，然後你將變得完好無損。

法則

法則是真理，真理是美好的一切，在罪中不存在力量或者現實。如果罪是真實且持久的，就像善良和真理一樣，它就無法被寬恕，但會永遠成為受害者。在證明中要做的第一件事情，就是連接上帝，因此，我們必須饒恕所有人的違規，透過饒恕的神之法則，淨化了我們的心靈，以便聖父可以饒恕我們。

人類可以用自己腦中的思想做任何事情，他們確實在其掌控中，他可以管理它們，強迫它們，掩蓋或者擠壓它們，可以消除一種思想，並用另一種代替。宇宙中沒有其他地方是人類可以掌控的，他的神權所擁有的統治權，只限於自身的思想。當人類理解這一點並開始操練這統治時，他便開啟通向上帝的路 —— 通往上帝唯一的一扇門 —— 透過心靈和思想。

消除的法則

在你先寬恕別人的過錯之前，你怎麼能指望先寬恕自己的過錯呢？心靈法則之一是，一種信念必須先被消除，然後另一個信念才能取代。如果你認為有人錯怪了你，你便無法引進聖靈的淨化力量，直到你消除並拋棄了錯誤的信念。

你可能會懷疑，為什麼你沒有像他人一樣得到聖靈的照耀，是什麼種類的思想填滿你的頭腦？你是否原諒了你的債務人，為聖靈的祝福騰出空間？或者你的心中充滿反對這個人的憎恨思想，以及一種你被那個人輕視的感覺？基督意識到了這種絕對正確的心靈法則。

思想具有實質和形式，它們可能很輕易地就被那些缺乏聖靈辨別的人，帶到一種永恆的狀態中，它們根據種植在頭腦中的種子理念帶來果實，除非在聖靈中扎根，否則無法持久。

問題不是「這人有多麼罪惡」，而是「我如何在上帝的注視下，闡釋我關於他的罪行理念？」首先改變你自己，那對一個享受心靈理解的人而言意味著更多，而且它的法則比它更能緊扣普通人。

那些不完全了解自己，而只了解自己表面、外在個性的人，認為當他遵守道德和市政法律時，他就得到了改造。他可能自以為是，每天高聲禱告，感謝上帝，因為他與其他人不同，可是他並沒有寬恕人們的過錯。他將每一個不符合他對道德、宗教或財務理解的人視為違法者，並感謝上帝賜給他自己所謂的洞察力和敏銳度。但是他不平和，有一些缺失，上帝沒有與他「面對面」說話，因為上帝和人遇見的心靈，已經被一種認為別人都是罪人的陰暗思想所籠罩。上帝如此純潔，以至於根本無法容忍不法行為，因此我們改革的首要的工作，就是饒恕所有人的過錯，透過在我們身上的這些饒恕行為，聖父便可以饒恕我們的過錯。

饒恕一切

我們饒恕的「所有人」中包括我們自己，你也要饒恕你自己。讓否認的手指抹去你對自己指責的每一個罪或「不足」。透過對自己認為不足的部分說：「看，你是好的！再也不會有罪了，不會有更糟糕的事情降臨在你身上。」然後是：「放開他，讓他走。」

把罪視為一種精神上的違背，而不是一種道德的背叛。否認那些趨向於錯誤的思想，把你自己牢牢地放置在聖靈裡，這是你自己的道。與「良心控訴」永遠分手，那些決心不再犯罪的人，與罪孽沒有任何共同點。

免除債務

否認任何男人或女人欠你任何東西，如果有必要，仔細檢查你列出的名單，真誠地饒恕那些你已經附注的每一個被提名的欠債思想。相比於其他方式而言，更多的錢將會以這種方式集聚，因為當你傳送給他們饒恕的思想時，這些人中的許多人將會支付他們所欠的債。

讓富足的法則在你身上和事物中產生作用，這是聖父免除你債務的方式：不是在祂的本子上取消它們，而是從祂的腦中去掉它們。當你否認它們的現實性時，祂記得它們將不再違背你。聖父是每一個到處存在的聖靈，在那裡所有的東西都呈現

其本源。上帝的愛總是把你視為健康的、快樂的和被充足地供應的，上帝的智慧要求你的腦中存在秩序和正確的關係，在它可能作為豐裕你的事物中顯現時，祂的愛將會滿足你的每一個渴望。可是祂的智慧規定，在你的債務被免除之前，你必須先免除你的債務人。

要補救任何局限性的財產狀態，或者因擔憂而帶來的疾病損害，一個人必須取消那作為原始起因的擔憂，一個人的債務在被償還前，他必須把自己的心從負擔中解放出來。

許多人發現了這樣的表述：「我不欠別人任何東西，除了愛。」已經幫助他們極大地抵消了債務的思想。當他們只用這些話語時，他們的心靈向流動的神之愛開啟，而且他們信心十足地在思想、話語和行動方面，與饒恕的神之法則相配合。他們建立了如此強大的一種治癒和豐富神之愛的意識，以至於他們可以平和地工作和生活，並且對他們的同伴有益。就這樣持續地在健康、信念和正直方面得到更新，他們能夠滿足來臨的每一種義務。

「我不欠別人任何東西，除了愛。」這句話並不意味著我們可以否認欠債權人的錢，或試圖逃避償還我們所承擔的義務。否認的事情是關於債務或者缺失的沉重思想，償付債務的工作是一種內在的工作，與已經欠下的債，但因為錯誤思想而產生的債務沒有關係。當一個人堅持正確的理念，沉重的債務將不會被縮減。

愛

你的思想在任何時候，都應該配得上你的最高自我、同胞和上帝。最常對你和同事產生不良影響的想法，是批評和譴責的想法。在你的心中填充神的愛、公正、寧靜和饒恕吧！這些將會償付你愛的債務，這是你真正欠下的唯一債務。然後觀察你外在的債務，是如何快速、輕易並且自然地被償付，同時所有的身心和事物的不和諧，也會得到緩解。沒有任何事情能像神聖之愛的意識一樣，如此快速地豐富了你的心靈，並把它從每一種缺乏的思想中解脫出來。神聖之愛將會迅速而完美地把你從債務的重擔中釋放出來，並治癒你因沮喪、擔憂和財務負擔而引發的疾病。愛將會帶來屬於你的東西，調整所有的錯誤，使你的生活和事物變得健康、快樂、和諧和自由，正如它們原本的樣子。愛確實是「法則的履行」。

在真理和現實的王國裡，理念是王國的硬幣。你可以利用神聖智慧在你腦海中加速的新想法，從此刻開始償還你的債務。

自由

從感謝上帝把你從沉重的債務負擔的思想中解放出來開始，這是突破債務負擔的重要一步。當掌控智慧和公平正義之時，債務很快便會消失。

透過做所有意味著你擁有的可能性來開始解放自己，並且

在聖靈中前進，這種方式將會為你開啟更多的東西。因為透過聖靈的大道，更多的途徑將會向你走來，每一個義務都會被履行。

沒有一個人可以理解饒恕是如何釋放充滿罪惡的靈魂和病懨懨的身體，除非他研究了心靈並對法則有一定的理解。一種慣常的想法認為，思想建造任何人類希望的東西。

改變

內在的增長是一種新生活更加全面的意識，這新生活伴隨著進入基督的宮殿而來。一種世界性的運動代表了更加純潔的人類，和對所有人而言更好的事情。在一切事情的背後都有一些東西，舊的狀態、疾病以及局限性肯定消失。進入宮殿的時機現在已經成熟，這種生活的心靈層面的獲得，這種新的軀體成長，只要我們願意，我們每個人都可以進入其間。

在所有心靈和身體的轉變中，必然會發生一種溶解和斷裂的過程，因為思想的力量和實質，已被建構到所出現的錯誤中。在每一個個體中，這些錯誤擁有人類透過相關思想給予的力量。這些思想結構必須被打破並從意識中取消。

最簡單、最直接、最有效的方式，就是從它們身上抽走本來要養活它們的生命和物質，並讓它們在一無所有中漸漸枯萎。透過力量的否認和饒恕，現實的邪惡以及對全能聖靈的證

實，撤銷才能被最好地執行。

　　沒有東西被摧毀，因為「沒有什麼是不能被摧毀的」，發生的改變僅僅是從錯誤的信念，轉變到對真理的信仰，透過意識到上帝是好的，現實存在的一切東西也都是好的。

　　要得到基督真正的克服性力量，我們必須珍惜生命，並以感恩和真誠的心進入生命。豐盈的生活總是存在的，當我們意識到它並向其開啟我們的意識時，它便開始帶著一種更新、轉變和改變的治癒力量，快速地流進我們的身心中。

亞當和夏娃

聖經在其歷史中，揭示了人類從純真和無知，到某種程度的成熟和理解的歷程。人類的一切都盤旋在神的理念中，完美的人類模型，上帝，是每個人激勵和力量的永恆源泉。

寓言

正如在《創世紀》（*Book of Genesis*）中所說的，以寓言形式陳述的東西，都可以被簡化為理念，這些理念可以透過心理法則的引導而被實施。

上帝透過他的思想活動來創造，並且所有的事情都依靠在理念上。神聖心靈確切地設想其理念，甚至包括每一個細節。想法先於實現，想法是富有成效的，而且各不相同。它們在神的比喻法則下解釋自己。

《創世紀》對人類的創造有兩種記載，第一種是被上帝創造的，另一種是由耶和華創造的。心靈的第一種行動是理念的形成，第二種是對那種理念的解釋。上帝或者神意創造了一種聖靈之人，其被設想來代表他所有源泉的屬性。接下來聖靈之人，耶和華上帝。神聖心靈被歸類為「我是」，以聖靈的形式塑造了人，在「地面的塵土中」。

亞當

亞當（Adam）是心靈在與生命和物質連接中的第一個運動，他代表了一般的人，或者說是集中體現在個人 —— 人類的理念中整個人類的種族。

如果個體或者說意志，即人，已經誠心誠意地堅持智慧，並且已經使得那些在智慧中被理想化的計畫得以實施，它創造了一種協調的意識。在伊甸園裡的亞當，是那種意識的象徵。

夏娃

夏娃（Eve）是愛或者感覺，存在於個體的意識中。「我是」（智慧）在所思考的東西中注入感覺，因此夏娃（感覺）變成了「萬物的母親」。感覺是加快聖靈的東西，女人象徵了男人的靈魂區域，是上帝表達的母親原則。回歸女人（感覺）是上帝純潔生命的本質。

伊甸園

伊甸園是意識中的一種歡愉、和諧和多產的狀態，在其間生長著所有的可能性。當人類在與神聖心靈的和諧中進行解釋時，便帶來了在神的秩序中存在的品格，他居住在伊甸園，或者說處在一種協調身體的極樂狀態中。

當他依據原始的神之理念帶來他的思想時,「花園」象徵了人類棲息的聖靈身體。這個花園是上帝的實質或者對存在理念的一種完美連繫狀態。伊甸園的花園是神的意識。

墮落

亞當在他最初的創造物中,是以聖靈的光亮形式出現的。聖靈向他持續不斷地吹氣,必要的鼓勵和知識給了他領先的理解力。但他開始接受或挪用對兩種力量的信仰 —— 上帝與非上帝,或善與惡。結果是,正如上帝所講述的,是他脫離了聖靈的生活以及其相關聯的一切。

一種遠離神之本質的意識正在形成,人類必須「直到他被帶來的土地」,也就是說,他必須意識到上帝作為他的存在源泉,以及必須在與神聖心靈的和諧中解釋理念。

亞當的意識

人類是聖靈,絕對的並且無條件的;可是人類在其呼吸生命的氣息時,形成了一種類似亞當的意識;在其完美的闡釋中,這是人類之子,是神之理念的解釋。這個亞當是所有我們稱作靈魂、智力和身體的一切。我們持久地與這個亞當一起工作,我們可以在他的鼻孔中吹入生命的氣息,並用無限豐富的生命理念激勵他。我們可以透過在他身上灌輸崇高的理念來提升

他，而且沒有其他的方式。智慧和愛彙聚在上帝這裡，當人類聖靈化祂的思想時，便在知道和感覺的意識中，形成了完美的均衡。

人類的墮落就在於，他忽視了自己的永存之道。人類必須堅持證實存在的世界，然後他將會轉變肉體。耶穌基督被證明為完美之人，透過祂，我們從墮落中被拯救出來。

發展

時間是人類的發明，並扮演一種阻礙更廣闊的創造性進程的概念。所有用來找出人類開始日期的嘗試都是無用的。年歲與事件相連接，當事件遠去時，年歲與它們一併離開。心靈的狀態產生事件，同時心靈的新狀態正持續不斷地形成；因此每一種移動對個體而言，都是一種新創造的開端。對人類而言，知道世界自從形成起已經圍繞太陽運行了六千或者六百萬年，並無實際意義。關鍵是知道在涉及創造性的法則時，人類的立足點在哪裡。

聖經把歷史擺在我們面前，就好像我們是每一個事件的一部分，而我們確實是其中的一部分。那唯一的心靈正在其理念的領域中移動，「超越一切，穿過一切，在一切中。」

伊甸園花園的寓言，關於男人、女人和蛇的，代表了理念在個體意識中的發展，而非星球體系的發展。創造是腦中理念的進

化，是個體的發展，因此所有創造性進程中的一個目標就是造人。

在個體的發展中，被寓言描述的因素，在此時對我們每一個人而言都是積極的。創造的活動正在進行。關於為什麼上帝創造的人類有可能是完美的，並且交給他證明這個任務的理由，我們可以在稱為自我認同的神祕過程中找到答案。人類依照著由偉大造物主設計的模型來建造自我，在證明他執行神之計畫的能力時，他證明了自己的完美。

蛇

三個根本性的因素，是所有顯現的根基，即智慧，生命和物質。神之智慧作為存在的基礎，釋放了完美的理念。任何除了「吃」或者挪用的思想，似乎是好的也是壞的。對立的觀念導致了所有種類的不和諧。就是蛇這種「比任何野生動物都狡猾的」東西，建議人類這樣做。蛇代表了生命，在其間是震動、顏色和聲音，事實上是所有的感覺。感覺的意識是蛇的另一個代名詞，生命的理念在強大的閃電中顯現，束縛了從地球到天空的反射，就像位於掃除靈魂的微妙感覺。

沉溺

靈魂（夏娃）被這種感覺的領域所吸引，同時被歡愉的承諾所引導。當我們僅僅為了相隨與沉溺的歡愉，而沉溺在任何肉

體的感覺中時，我們正追隨著蛇欺騙性的建議，而不是聽從上帝的話語。痛苦、疾病混合最終的死亡，總會源於這樣違背神之法則的行為。生命在所有的存在中都是最基本的因素，沒有生命便沒有存在。

當人類無法掌控他的感覺，並向失控的生命享樂屈服時，那他就正在丟失他的統領權，而且必定遭受違背法則的懲罰。因此，人類應該警惕丟失自己持有的，對心中所有理念和身體中所有感覺的統領權和駕馭權。在神聖經濟中，一切事情都有其用途，而且作為建造師的人類，應該尋找出實施這些計畫的方式。

智慧

智慧向我們展示什麼是法則，以及我們在運用法則時的不足。我們並不是因為我們的罪而受罰，而是因為它們。我們透過日常的思想來建立主導的心態，它們可能與原則不協調。我們的統領思想打造了一種慣常性格，我們所愛的或者所恨的東西，鑄造了歡樂或者痛苦的細胞。

順從

順從於更高境界的力量，是人類成就的最高目標。順從的精神是愛的精神。愛是宇宙中最順從的東西，也是最偉大的工

匠，並將使我們實現相對於其他才能而言更多的快樂。愛是神
的條例，擁有撫慰疾病的香膏。

對聖靈的不順從，就是拒絕對所有危險的事情表現正確的
行為。我們都知道正確這東西，然而我們並非總會這樣做，
因為這似乎會阻礙我們尋求目標的立即實現，我們想要迅速的
回饋。

如果你順從於聖靈，你將不會遭遇這些負擔。你將活在當
下，每天完成著最高尚的任務，忘掉過去，讓未來順其自然。
要信任聖靈，你必須透過經驗了解其指導。

✝ 亞當和夏娃

良心

在所有存在物的根本上，都有一種神聖的美德。沒必要詳細述說這種中心美德的每一種知覺居所，因為無論何時、無論何地，當你尋找的時候，它就在那裡。沒有人如此卑微，以至於一旦觸及其祕密，這種神聖的美德就會在他身上顯現出來。甚至動物也展現了它調節和指揮性的力量。這種美德沉睡在每一個心靈的深處，並在最意想不到的時候出現。

許多人壓抑了它很多年，但最終它的日子到來了，並且有清算的一天。這就是宇宙均衡的法則 —— 存在的均衡。它再也不能被卓越的哲學或者形而上學否定，棄之不用，就像它不能被盲目的激情力量所窒息一樣。

監視器

男人和女人都不願意承認，在他們身體中有一個監視器，這是他們遲早要對付的東西。他們盡可能地推遲清算的那一天，他們不喜歡處理這種聖靈的平等主義者。它太精確了，極其需要公正。

任何感受到聖靈之刺的人已被聖靈警告，任何正視其內心之罪的人，都已經意識到上帝的存在。

指引

　　人永遠不會沒有嚮導，無論他多麼大聲地呼喚指引。如果他願意，並跟隨著光亮，那麼手裡肯定有一個火炬。這太簡單、太容易了！人類在心中已經形成了一個遠距離的上帝，他可以在一些高山的隱形地方向祂講話。到遠處尋找他的上帝，他忽略了閃耀在自己身上的神性光輝。

　　如此看來，人類被愚弄地去相信，他可以做那些與他美德理念不一致的事情，然後逃避結果。他揣測上帝離他是如此遙遠，以至於無法觀看到他的缺點，他忽略了這樣的事實，即上帝每時每刻都與他在一起。

　　這就是古來言語的意義，只要這條路順暢，一個人總和他的良心為友。當這條路變得崎嶇不平時，他們便分道揚鑣了。他們分手的原因在於，人已經開始考慮他自己的路，他仔細地審視他正在引領的生活。這便帶給他一種心靈觀看的態度。他明白那些在神聖美德的清晰光亮下認為是正確的東西，其實未達到標準。這樣，便在人和他的良心間產生了分歧，在放縱之前或者在其間，他們僅僅是表面上的朋友。良心似乎同意人類的失職，不過它內在的抗議者持續地打擊這種意識，直到腳步被阻止。

不可靠的方式

世俗的財富並不總是對人的祝福。事實上，按照目前的慣例，情況很可能恰恰相反。只要不可靠的方式能成功地帶來結果，良心得到傾聽的機會就很小。只有當失敗追隨著誤導時，良心才會得到傾聽。然後，以一位因不義而戰敗的將軍的眼光審視戰場，戰鬥的激烈程度讓他視而不見，他沒有想到自己無謂地犧牲了哪些生命。

後悔啃噬著不明智舉動的關鍵之處，真正的智慧被顯露出來。有人說，經驗是一所可愛的學校，只有智者才能在其中學習。就像許多知識分子的明智觀察一樣，這也帶來了自己的無效性。經驗是愚人的學校，真正的智者不會在她的門內接受教訓。

理解

有兩種得到理解的方式，一種是順著棲息在其間的聖靈指引，另一種是盲目地向前進，並透過艱難困苦的經歷來學到。這兩種方式向每一個人開啟，有經驗的人意識到，他可以建議那些沒有的人，並且因此節省在岩石重疊的路上費力地邁開腳步。在無所不在的智慧照耀下，難道沒有人知道所有的事情，所有的道路，所有的結合，以及什麼將會是每個人的結果嗎？

寓言

那些男人和女人透過持之以恆的努力去凝視未來，就無法寓言一種能夠知道所有未來的智慧嗎？他們當然可以。當人類在正確的方向看時，他找到了這樣的一種預言。

是聖靈的特權來預見未來的。當人類用純粹的心靈和無私的動機來諮詢聖靈時，如果他順從於他最高的上帝，那麼就會指出未來生命的軌跡。

對一個人而言，順著內在聖靈的引導去預測未來，並非偉大的成就。對聖靈而言，未來是基於理念上的一系列事件，此刻正在頭腦中旋轉。無論誰駛入他自己的理念王國，都可以讀到自己的未來。他發現有一系列的原因在發揮作用，以至於他可以輕易地看到將會產生的某些結果。對他而言，沒有必要去讀確切的線，每一個獨立的理念沿著這條線將會走向極限。這就是從原因到結果的理論方法。在聖靈裡，原因和結果是同一個。他們以統一的形式出現，並且最終的極限就像開端一樣清晰。

在心中，所有的事情都被設想可以立即結出果實，時間不是問題，那如何才有開頭和結尾呢？造物主計劃了一所房子，並在心中看它完成，在一塊石頭或者一堆土被挖掘之前。如果祂願意的話，也可以完全摧毀它。因此人類建造了自己意識的房子，假使他已經計劃為自己單獨建造一個家，在其中只建一

個房間，他在心中創造了這樣的一個計畫，計畫被完成了，就等著成形。若他製作了一個更大架構的計畫，在其間有很多房間，這個計畫也將會實現。

浪費的言語

一些人老早就在心中建造了自己的房子，並且沒有告訴任何人。這就制定了一個宏偉的計畫，其間注入了不可見的、最持久的物質。

講話是浪費精力 —— 一種揮霍的力量。如果你缺損了最偉大的成功，不要談論太多關於你計畫的東西。總是把新理念儲存的力量緊握手中，作為一種生產力的中心。讓你的工作自我解說。

動力

電工在他所建造的發電機中的旋轉中，認識到某種普遍的作用法則。其產生的能量取決於發電機的尺寸和構造，以及它運作的快速性。頭腦中有一種與科學平等的動力法則，一種理念的特性是對其尺寸的估計。一種東西的積極信念，決定了它運作的速度。理念用物質動力中一種舉世無雙的敏捷產生了精力，它們驅動女人和男人，而非無生命的東西。它們點亮燃燒到永恆的燈籠，而非短暫地照亮我們的街道，只維持幾個小時。

　　這成功做成的祕訣，在於知道任何掌控我們的理念，電工透過研究發電的機器來持續地提高發電的效率。在頭腦的動力中存在相同的規則，要是我們想提升我們的身體、智慧和周圍環境的品質，我們必須研究這些理念。從理念流向溪水，驅動了它們中所有的機械。如果我們的理念立足於真理，同時我們對它們將會忍受最堅硬的公平測試而感到滿足，我們便不想讓產生於我們腦中的水，在接地的導線中洩露。

　　世間充滿那些滿載崇高巨大的決心去做好事的人，他們是真誠的，卻與接地的導線相連。我們必須合理地安裝自己的導線，否則我們的裝置將無法被證明是成功的。

　　例如，我們保留著一種健康的理念，在我們腦中產生電流，並將流向信念的導線，治癒這個世界。但是我們透過相信它將會穿越一個藥丸，一個具磁力的手，或者那些認為比我們更強大之人的頭腦，我們已經破壞了這電流。必須停止所有的一切，並把我們健康的理念，直接輸送到自己的話語標記的導線裡。我們對來到腦中的每一個問題，都有一種直觀的、正確的真理理念。不過我們不相信這種理念，反而透過相信一些書，一些人或者一些教會組織，已經在我們存在之前精選出了真理並建造了它，進而阻礙我們自身理念的自由支流。這種謬論打造了一種天賦的奴僕，熄滅了一代又一代的上帝之子腦中的世界光亮。

　　聖靈的理念必須用聖靈的導線，否則祂們的能力將被揮

霍。因此我們需要同時審視自己所保留的思想，以及釋放其自由的話語。如果我們有一個理想的世界，我們在其中看到自己想要的事物，卻認為這個世界不可能在此時此地實現，那麼我們正在消耗想法所產生的力量。因此貫穿思想的範疇，每一種理念都應該有一個與其電路或者水勢相應的導線。我們的話語、行為和整個生命，必須與我們的理念相應。

可用的理念

理念的範圍在我們每個人的把握中。事實上，它是我們吸收自己真正營養的源泉，作為宇宙的智慧存在於生命中。因為它是所有智慧的起因和源泉，不久它將會斷言所有人類生命中的暢通擺動。當這種理念的範圍在意識中變得如此活躍時，它將會吸引我們特別的注意力，我們稱其為一種復甦的意識。就是生命的通用智慧，斷言了其固有的道德均衡。人不能總是扭曲上帝形象的美麗面孔，他就是上帝形象的肖像。他可能在一段時間內戴著江湖騙子或者傻子的怪誕面具，可是在上帝的美好時間裡，他將會被寂靜內心的自己揭穿假面具，時候一到，這就會被宣告。神是輕慢不得的，至高者在每個人心中的隱密處，也不會永遠成為盜賊的洞穴。

傾聽

當良心在你的心中大喊大叫時,「直接找到通往上帝的路」,你將會透過留意它而節約時間,讓否認的淨化之水流朝你流去,改變你的信念,要變得溫順和謙卑,讓你的思想走向基督的聖靈。在你的人類意識中,要將祂視作另一個你,這是在祂聖靈的理解威嚴中不能被領悟到的。

如果你有傲慢、飛揚跋扈和自我滿足的意志,你就是猶太地的統治者希律(Herod)。你嫁給了人類靈魂的激情,這些激情引領你進入如此深入、如此可恥的感官享樂中,以至於你砍掉了良心的頭顱,而良知本可以讓你走上良善的大道。但理性人的統治是短暫的。你的王國被奪走了,你被驅逐出自己的祖國。這就是希律斬首施洗約翰後的命運,是每一個拒絕傾聽更高境界的自我之聲的命運。

溫順

發展基督偉大力量的關鍵,在於他的溫順和對其父的謙卑屈服。任何把自己置身於上帝顯現中的人,都可能是上帝統領下的、所有事情的領先者。

人願意開放時,就對上帝開放,這個開口是由我們在沉思精神現實時,保持絕對的精神謙卑態度而形成的。因此,類似物承接在聖父形象的解釋上,沒有別的方式可以實現。

「我的心靈是溫柔謙恭的。」偉大的拿撒勒人說，「不像我這樣，而是像你那樣。」這是當與聖父交流時，他總會採取的態度。在他認識卓越的自己時，總是用相同的愛之精神和順從於智慧的意志。

基督證實他的自我滿足時，沒有把宇宙置於自己的肩膀上。他卸下了每一個負擔，並在聖父的所有滿足中棲息。「用我自己的權威將一事無成」，「聖父在我身上持久地做祂的工作」。這是自我的整體否定——對所有私人渴望、索賠和目標的放棄。在人類可以成功地完成這些之前，必須改變他的信念——必須進行一次心理大掃除。

否認

命令說：「如果人類想要追隨我，讓他自我否認……並且跟著我。」沒有被世界廣泛地解釋。有些人認為，當他們承認上帝是思想、生命、愛、實體以及其他一切都是錯誤的時候，他們就充分地否定了自我；別的人認為，他們只放棄那些世間被認可的罪，同時相信個人的救世主，基督。但是自我的否認比所有的這些都要深刻。要變得有效率，它必須達到意識的最深處，並且消除被個人保留在頭腦中的信念的所有有機形式。每個人都有意識的分層，這些地層，就像土一樣，已經隨著恆星的時間，被經年累月的層層累積。

我們寄宿的身體，是我們開始於百萬年之前的勞動結果，

它是在產生思想的經歷中儲存的記憶。我們可能已經千百萬次的分解了自己的身體，但它現實的任何部分，我們都未曾失去過，因為我們沒有加強它，達到它形式的最終不朽程度，就沒有論據反對它成為千萬年的身體。它的形式在改變，但是我們在這些年已經形成的心理畫面，在我們私人的畫廊中是原封不動的。

無私

現在那些雲正從外面的世界中被清除，「公平正義的太陽」正與「在其羽翼中的治癒」一起冉冉升起。我們正在醒悟自己作為上帝之子的力量和可能性。

無私的那一天已經來臨，這一天把我們從所有的負擔中解脫出來。我們發現自己不必承擔任何生存的憂慮。我們和耶穌說：「所有的事情都透過我的父傳遞給我。」我們自己無法呼吸，而是上帝透過我們呼吸。我們自己沒有生命，不過我們透過自己的器官，感受到了洶湧的上帝生命。我們對身體的每一部分訴說！「你現在與上帝一體，你在他眼裡是最完美的。」

我們不能獨立思考和講話，而要追隨著上帝的思想，就像一陣強風一樣，在我們的腦中呼嘯而過。然後，火舌向我們湧來，因為我們被聖靈所激勵。我們既沒有自己的財產，也沒有對自己的生活或家庭的關心或煩惱，我們把這些事情留給了上帝。當我們完全否定自己並追隨基督時，才會完全的沒有任何

責任。當我們放棄這樣的信念：我們是一個個人的存在，擁有屬於我們個人的部分、熱情和能力時，所有的責任都會從身上消失。在上帝的觀念中，不存在像個人一樣的東西。

上帝的理念是耶穌基督 —— 一個普世的人，人類是那人的心靈器官。他們沒有掌握自己的任何東西，但是當他們停止相信個體時，基督所擁有的一切就會流過他們的意識。

這就是合一，而且這種合一永遠消除了被稱為譴責良心的內在監視器。

✝ 良心

審判和公正

真理時刻準備好去給出審判和公平。因為上帝是愛，所以上帝是公平。這些品格在神聖心靈中合為一體，很多時候在人的意識中，以多樣性的形式顯現。它們正是透過心裡的基督思想而得到統一。當公平和愛在心臟中心相遇時，就會出現平衡、平靜和正義。當公平從愛中脫離，獨自在頭腦中運行，人類就會開始為公平呼喊。僅憑人類的判斷，人是冷酷無情的。他不考慮動機或原因就給予懲罰，正義就會出現偏差。

有效的審判

有效的審判源於原則，它透過人的頭腦處於完美狀態中，帶著所有絕對的、未被縮減的關聯性。人類有審判的正確概念，理想的情況是，法院的判決具有曾經存在於絕對中的、沒有偏見的歧視。一個有偏見的判決是令人厭惡的，一個允許自己被情緒所驅動的法官，被認為是不可靠的。

把審判置於絕對中，對於證明其至高無上的力量是有必要的。這伴隨著一個人宣稱其審判是聖靈的、非非物質的，而且其起源在上帝中，其所有的結論，都以真理和他們被完全地從偏見、錯誤的激情或者個人的愚昧中解放的東西為根基。這便給予了源於自我工作的中心，開始在自己思想的世界中設置秩序。這

種審判別人的習慣，甚至在日常生活中最瑣碎的事情中，都必須被終止。審判的法則在眾多的方向中發揮作用。如果在小事情中沒有注意到這些，我們將會發現自己在大的事情上失敗。

定罪

從個人層面的判決導致了定罪，其總是伴隨著處罰。我們看到了別人身上的錯誤，沒有考慮動機或者環境就審判他們；我們毫不猶豫地考慮懲罰有罪的人。我們沒有審判的權利，在我們的愚昧無知中，我們創造出來的思想力量將會返還給我們。

無論你輸出怎樣的思想，都將會回饋給你，這是固定的思想法則。一個人可能正好在處理事情中，若是他因為他們的不公平而給別人定罪，這種思想行動將會把他帶入不公平的狀況中；因此絕對以外的任何審判都是不可靠的。這是每個人都必須採取的標準——在絕對中審判他人。當按照這樣做時，定罪的趨勢將會越來越弱，知道人類開始如同上帝看他一樣去看待他的同伴，這將會在所有看起來不公平的地方，把他置於絕對中。

審判日

經文中記載的偉大審判日，表明了在真實和虛假間的一種時間分離。那種認為上帝把人送到永遠懲罰中的說法並未被認證。現代經文的翻譯者說「煉獄之火」，指的僅僅是基督認為的

一種淨化狀態。

　　單詞「地獄」沒有足夠地被翻譯成在原始語言中的多種意思。「地獄」一詞從三個單詞中派生出來：Sheol，即「看不見的一種狀態」；Hades，即「看不見的世界」；Gehenna，即「欣嫩子谷」。這些被使用於不同的關聯之中，它們中幾乎所有的都是諷喻的。地獄是一種修辭手法，代表一種糾正的心態。當錯誤達到極限時，反作用的法則斷言自己，而且，審判成為法則的一部分，帶來了對違規者的處罰。這處罰並非懲罰，而是紀律，如果違背者真正地感到悔過並順從，他將會在真理中被饒恕。

優柔寡斷

　　優柔寡斷是關聯到判斷力的另一種思想形式，即永遠無法確切地知道什麼是該做的正確之事。必需有一種對真實理念的矢志不渝和忠誠。每個人關於是非都應該有明確的信念，並支持它們。任何形式的定罪，都是在歧視性的才能中對自由之行的拖延。我們把自己捆綁在後悔和譴責中，頭腦的自然力量被削弱，整個身體變得懶惰。

不公平的對待

　　解決所有看似不公正問題的方法，是否認對他人或自我的譴責，並肯定偉大的普遍正義精神，透過這種精神，最終所有

不公平和不正確的狀況，都會透過此得到調節。

　　注意到存在於世界上的狀況，正義的人會根據他認為是公平的法則來糾正，除非一個人擁有對聖靈的理解，否則他很可能在改造人類的努力中，為自己帶來身體上的殘疾。如果他的感覺達到了「正義的憤怒」，而且他因為世間所有的邪惡而被憤怒「點燃」，他將會煮沸他身體的細胞。

　　將世界上所有的重擔交給一位至高無上的法官，而且使每個人以及人類所涉及的每一種狀況，都順從上帝的法則，這樣做，你將會在心靈的力量中，變得更加強而有力和有遠見。

　　如果你認為自己被朋友、雇主、政府或者那些與你做生意的人不公平地對待，只需宣稱全能心靈的活動，你將會深入那些管理者的法則中，找到解釋心靈的力量，這是人類所能進行的最持久的改革，它比法律或者任何試圖透過人類的方式控制不公平的人的嘗試，都更加有效率。

嫉妒

　　嫉妒是頭腦偏見的一種形式，其蒙蔽了審判，並且使得一個人不顧後果地去行動。補救所有這一切的措施，就是解除引起一個人妒忌的糟糕法則，更加全心全意地信任上帝的一切公正法則。

成功

　　世間的成功很大程度上取決於好的判斷力，無論哪裡的商人都在尋找那些在瞬間做出快速決定的人。

　　透過清理自身的理解，和承認一個至高無上的心，你可以培養自己快速得出正確結論的能力。採取立場，明智而迅速地做出判斷，是你從上帝繼承的遺產，不要因為在判斷問題上表現不佳而偏離這一點。

　　當你在世界性的事務中，對做正確的事情獲得公平而產生疑問時，去問永恆的公平聖靈，它將代表你，並且帶來和恢復屬於你自己的東西。不要問在公平法則以外的任何東西，一些人無意識地越過了他們對財產的渴望，當他們把這些事情放置在聖靈的庇護下時，事情不像他們期盼的那樣轉變，他們就十分失望並反叛。在聖靈的法則下並非如此，其要求人滿足於公平並且接受這結果，無論是什麼。公平伴隨著那些相信聖靈的人，而且，他將因此變得繁榮和快樂。

✝ 审判和公正

耶穌基督

耶穌是拿撒勒人瑪利亞的兒子。根據當今的信仰，祂是人類的救世主。在形而上學，祂是人的「我是」，自己，直接的力量，由神的理解和力量養育 —— 即我是的個體。

祂的使命

由於在思考能力和存在根源之間，缺乏意識上的連繫，人類已經達到了一種向下的狀態。然後，拿撒勒的耶穌就來臨了，祂的使命便是把思考者和思想的真實源泉連接起來。胡思亂想已經把人帶入了一種可悲的狀態中，而且他的得救取決於他再一次將自己的意識與基督相連，只有透過這種連接，他才能夠被帶回到伊甸園的狀態。

對任何有理性的、無偏見的人而言，這是一種平常的想法，即拿撒勒的耶穌是一位帶著來自高處使命的信仰改革者。祂已經洞察到那些出現在人的意識中神祕的東西。透過祂的知識，並與祂的使命一致，祂得出了聖靈性的理念，即祂的使命已經在這個世界上產生作用。

即使是對他的生平和教義粗略閱讀的人，也能明顯看出，祂是一種徹底的、有組織的計畫代表，來幫助人類對上帝以及他們間的關聯，有一個更高層次的意識。

耶穌知道

耶穌敏銳地意識到，上帝的個性以及自己與祂的關係，祂知道這是一種無限的愛和一直存在的、豐盛的生命。祂知道上帝是智慧和供應者。祂知道祂是聖父，已經準備好並情願滿足人類心靈的每一個需求。

耶穌知道身為上帝的兒子，祂可以得到每一個祝福，所有的智慧、愛以及聖父心靈的幫助。祂不僅僅相信祂說的話是真實的，而且祂知道這些話再真實不過。祂的話語中孕育著意義，它們是有生命的、鮮活的語言，帶來信念並產生立即的效果。

耶穌是指路人，祂明白我們可以擁有更豐富的生活，祂喚醒人們對自身本質的可能性認知。祂使用一種真實的方式，達到對永恆生命和宇宙意志的認知，因此祂對族群的影響無法忽略，是無限、永恆的。

受難

猶太人處於注重塵世祭司的統治之下，他們對聖靈的事處於無知的狀態，沒有為自己思考。他們無法意識或者理解耶穌對他們講的話語。他們一直在尋找一個世俗的王來重建他們，憑藉戰爭和征服，恢復所羅門王在世的榮耀。當耶穌試著教他們聖靈以及聖靈的理念，使他們擺脫思想、身體和環境的一切

束縛時，他們就將祂釘在十字架上。

釘十字架是在意識中清除已成為固定心態的錯誤。它是整個人的一種投降或者死亡，以便於基督的思想可以被最完美地闡釋出來。

耶穌的受難代表了人格從意識中被抹去，我們否定人類的自我，以便與無私的人聯合起來。我們放棄了人類，以便於得到永生。我們消解肉體的思想，以便於意識到聖靈的身體。

這十字架代表了被稱為「凡人心靈」的意識狀態，它不是我們通常意義上所理解的負擔，而是在人類轉變其正確關係中的力量象徵。

耶穌基督

基督對人類而言，是上帝完美的理念，耶穌是神之理念的完美闡釋。耶穌基督是兩者的統一，理念和闡釋，或者換句話說，祂是被證明的完美之人。

教會或者基督

真正的基督教會不是一種外在的教派或者宗教的標準，首先，它是在個體意識中的聖靈理念的聚合，必然形成一種新的意識狀態。人類必須獲得作為聖靈上帝的理解，而且他也必須理解自己與聖靈的關聯性。

　　上帝的教會作為一種心理感知，開始在人身上活動，在整個意識建立之前，必須經歷某種過程。它的工作首先是主觀的。

　　在基督教會的外在意識中，由那些真理已經在意識中堅固形成的所有人組成；無論他們是否屬於標準的教會，都沒多大關係。他們包含了有耶穌基督在聖靈裡建立的偉大兄弟關係。

　　真正的教會不是由教條和形式建成的，不被束縛在木頭和石頭的高牆裡。人的心靈是它的殿堂，真理的聖靈是到達所有真理的嚮導。當人類學會轉向真理的聖靈時，祂是他的光明和激勵中的一分子，那麼教會和人類之間的區別將會消失，合一的教會就會被意識到。

　　當真正的教會向人類開啟時，所有的幻想都消失了。人類發現耶穌基督的教會必須與現世的世界相關聯。它不是一種信仰，因為祂已經習慣了看待信仰，它是自然界的一個有機原則，沿著明確的增長路線，為整個人類建立意識狀態。

　　耶穌基督的教會是一種確切的科學，它作為無組織事物的組織者，在存在經濟中發揮自己的作用。它不是指抽象意義上的事情，而是具體的事情。任何把它作為一個抽象體看待的人，都完全誤解了它。

　　基督教會覆蓋了人類存在的每一個部分，進入他生命的每一個纖維中。他日日夜夜的帶著它，一週七天都如此。他住在其間，就像魚活在水裡，他開始意識到包圍的存在，並被轉變成一種新的生物。生命變成了一種狂喜，他的杯子滿到溢出

來。人類的負擔就像有機的教會被建立一樣，很快就消失，不過這教會的建造是有序、確切和精確的。它並非被一時半會完成，而是由人類從裡到外一點一點地建造，是意識和肉體中的一種新生物。

✝ 耶穌基督

耶穌基督的天國

天國是一個政府組織,帶有恰在其主題中的力量的證據,其權威被在其設立的國家演練。它規範領域內人們的公共事務,遵循著它最高層次的公平、財產的理念,以及其主題的共同福利。

這就是基督關於天國的理念,其王國不是由罪惡、疾病、貧窮、不公和死亡組成的世界,而是一個所有人民自然享有公平正義、健康、生命、和平和繁榮的國度。祂設想透過自身力量的證據,在人類之間建立這樣的一個王國。這就是祂給予門徒的建議,祂的門徒前去為事情的新秩序舉行儀式。

天國的肖像

如果耶穌經常提到的天國,是一座擁有金色街道的空中之城,那麼祂很容易就能找到它,但他沒有這樣做。相反,祂一遍又一遍地向聽眾描述它是一種理想的狀態,將會在他們之間透過聖靈的力量帶來,祂沒有說它能夠很快地得到。例如,他說:「什麼是上帝的天國?我把它比作什麼呢?它就像一個人在自己的花園中耕種的芥末種子的果實;它一直在生長,變成一棵樹,天空中的鳥在它的樹枝上築窩。」

又說:「它就像一個婦女在三餐飯中放置的酵母,直到它全部發酵。」

這些對天堂的比喻,如何被解釋為以任何方式指涉天空中的某個地方,依然是一個巨大的謎團。因為種在土裡並長成一棵樹,或者就像發酵麵包的小蛋糕,與一個擁有芥末種子的黃金街道的城市,帶有怎樣的連繫?

耶穌用了一大堆相當奇異的比喻,若是在他的頭腦中,存在著一個好人死後可以去的地方。他從來不假裝傳輸這些意義。

耶穌關於天國的觀念,是在地球上的人類事務中實現的一個條件。它由最渺小的開端生長,就像芥末的種子或者發酵的蛋糕。祂的門徒被指派前去以一種確切的方式播種這些種子,憑藉著在人中傳送聖靈力量的證據信號,天國就透過這樣的方式建成了,它就在這個星球上。任何別的觀點都毫無根據。

象徵性的天國

所有關於一個叫「天國」的地方,其理論都以約翰對新耶路撒冷的象徵性描述為根基。在想像中,新耶路撒冷被描繪成耶穌所開創的運動在地球上的實現,他將其描述為具有如此微小的開端。

約翰看到的這個城市就在人之間,「觀看,上帝與人居住在一起。祂和他們居住在一起,而且他們將會是祂的子民,上帝將和他們在一起;祂將會擦乾他們眼角的淚水,死亡不復存在,也不會再有憂傷、哭泣或者痛苦,因為先前的事情都消逝了。」

所有這些描述了恰好在這裡發生的事情。沒有提到它存在於天使之中，也沒有提到它是在約翰看到異象的時候建立的。它將在地球上的新條件下得以完成。

倘若耶穌所言說的天國在天空中，為什麼祂引導門徒們禱告：

「願祢的國降臨，

願祢的旨意成就，

在地上如同在天上」？

既然人類已經向自然界隱藏的資源敞開，在地上和在天上的，他們正得到成就的可能性，同時他們看到人類的奮鬥，將會把地球變成天堂。

沒有人被含糊的假設欺騙，即在天上或者在一些遙遠的星球上，有一個地方叫「天國」。無論在《舊約》（*Old Testament*）還是在《新約》（*New Testament*）中，都沒有對這種教義的陰影。相反，這教義是清楚的，即人類未來發現的所有天堂將會在這裡。它現在就在這裡，而且它會向每一個揭開意識面紗的人顯露出來。

即將到來

「天國近了」的教導，不僅僅是對一種事物新秩序的宣告，也陳述了人類的一種主觀性意識。沒有什麼事情能像上帝和天

國這樣與人類如此親近，它們永恆地存在於人類自己未揭示的意識深處。他已經把它們放置在心靈深處，恰恰就像他身體中隱藏的靜脈血管裡的血液循環。在尋找之前，他沒有意識到這血液，而且在他走入自己的靈魂深處之前，也沒有意識到上帝和他自己的聖靈本質。

那些主觀的或內在的意識，製造了客觀的和外在的意識。當門徒們詢問天國什麼時候會降臨時，耶穌回答道：「當外部變成內部的東西時。」（《新約：啟示錄》）。

這一章應該永遠解決天國坐落之所的問題。它是內部，而且當它被帶到外部時，當外部遵照其狀況時，它將會來到人類的意識中。

當派遣門徒前去行大能之事時，耶穌在其意識中放入了內部的振動。祂對內部的領域相當熟悉，而且在那裡停留了不少時間。這領域在今天存在，而且將被尋找它的人發現。

宣告

假使天國恰好在我們之間存在，僅僅需要射向我們被遮蔽的眼睛，我們需要做的一切就是透過信念和工作，來宣告天國的存在。那麼使其可見的方法將會緊隨其後。

它不光是一種感知的問題，天國一定會顯現，所有的見證透過行動實現。如果沒有使得潛在的一些生命顯現，你將無

法運用你的權利。你必須使用自身的天賦，它是冷靜的、卓越的，是思想。思考便是顯現形式的世界，每次在你的頭腦中保留一個思想時，你正在形成那種思想的軀幹；軀幹是事情。在事情和極限中的信念，形成了事情和極限的軀體，若你想要一種自由和光明的軀體，那就在自由和光明的根基上考慮事情。人在解釋中永遠不會比思想升得更高，其思想永遠不會被它背後的理念超越。要是你想在生命的規模中提升，留意你的理念，讓它們流向你的環境中。如果你被困在意識的局限中時，你的環境就是監獄的高牆。

動力

在理念的世界中，形而上學的學者已經發現存在著一種富潛力的領域，他尚未發現其深度，這領域對他而言是智慧和生命的偉大倉庫，而且他發現自己意識的核心與其相似。他本質上是其中之一。他思考的才能代表了自動的設備，全能的原則透過其顯現。他的話語在機械中啟動，其結果以一種與動力領域平行的方式，流動在理念的領域。

天國首先、最後以及永遠都是本質上的狀態。人類美好才能的本質內部開放，導致了相應程度的外部性，這種外部性並不是衡量天國存在的標準，認為是這樣的，是有理智之人的錯誤。他被事情拖累，而且他的呼喊永遠是：「讓我在財產中變得開心，我計劃得到滿足。」但是這並非聖靈之人的態度。他的財

產屬於靈魂，他的快樂是心靈的快樂，擁有這些的人至少已經開始向天國進發。

更大的目的

智者不會以結果為其注意力的核心，這些對其而言就像塵土。最初聖靈的火焰永遠是新鮮的。他沒有把自己歸為塵土一類，因此他從未視自身為存在的盡頭。灰燼被帶出來，被拋向四股風，可是這火一直燒不盡。

你在這裡是有目的的，這目的永遠不會得到滿足，只要你被意識的需求所迷惑；你正在一天又一天的滿足你生命的法則，它是人類存在的輪迴。

你已經被鑄造成了比這更大的一種模型，上帝不會永遠把你變成塵土和灰燼，被風刮走。

醒醒！在靈魂中的沉睡者，把理念由低處升高，激勵自己，因為天國近了。你是王，警醒自己；上帝的基督在你身上產生，你統治的時刻確實近了！

高深的靈魂

耶穌是一個非常高深的靈魂，祂燦爛的靈魂比我們任何人都要有更高程度的發展，我們應該有這個軀體，而且它的發展是我們聖靈文化的組成部分。在基督中，這軀體的光亮閃耀著

「當他祈禱時」。基督的軀體沒有腐爛，但是透過其聖靈專注的持久性，把每一個細胞都轉化成粒子的光亮和力量的固有狀態。

如今耶穌居住在榮耀的電力軀體中，互相作用於地球和它的環境 —— 天國。

偉大的老師和領袖，已經開發和闡釋了在所有人中潛在的一種超意識。當自然的世界被科學地和普遍性地揭開時，許多在靈魂中舒展的指導，將會恰好在我們之間建立，其結果會超越我們目前的想像。

超心智的奧祕總被認為成神祕主義者的某種財產，他們在運用真理時相當謹慎，唯恐他們的愚昧，會誤用這些東西。現在這扇門被打開，任何人都可以進入。

新的維度

天國，即思想和力量和新維度，正在精神實質中展開。它是頭腦中的一種理念狀態，準備好在人類的腦中宣告。其源泉不在外部的事情中，來源於人類的源頭，因此我們必須開發屬靈的理解和聖靈的力量。人是無限的和創造性心靈的外在表現，而且那個偉大心靈的容量都是其固有的東西。

✝ 耶穌基督的天國

聖靈

　　福音正被普遍地歸類於基督的使命和出自於他的教義。當我們討論福音時，我們指的是宗教信仰的體系，它以拿撒勒的耶穌教誨為核心。

　　關於福音的細節，有很多不同的觀點。許多人認為它是人類的救贖計畫，以教會的教條和信念為綱。不過這些教義、信條，是在耶穌教導和論證之後三百年才制定的。

　　他或他的門徒沒有任何權威證明，許多後來對原始教義解釋的真實性。它們是人類的工作，這些教義不是耶穌基督的純粹基督教。

　　沒有直接走向祂去收集資訊，無法知道耶穌基督的教義，這種斷言是可靠的。《四福音書》（*Gospel Book*）中已知的新約著作，是最可靠的外部指南。當這些被無偏見的心態研究時，可以察覺出耶穌沒有對任何人委託基督教會的力量。祂沒有陳述祂的教義，或者授權任何其他人這樣做。

顧問

　　耶穌指派了一位教師：「顧問，聖靈，其父將會以我的名義被派遣，祂將會教給你一切事情，把所有我對你說的帶入你的記憶中。」

　　聖靈是耶穌基督福音的唯一授權解釋者。沒有人可以知道其教義，除非他直接從這位唯一的保管人那裡得到它，它不是二手的。每個人都必須從聖神那裡接受它，聖靈是聖父以聖子之名所差來的。

聖靈

　　這個問題經常被問到：「誰是聖靈？祂與上帝和基督有什麼關係？」

　　早期的門徒知道聖靈是三位一體中的第三位。聖父總是第一位的，其次是聖子，聖靈是第三。聖父和聖子的術語闡釋了一種永恆的、相互的連繫。聖靈是上帝無窮的「呼吸」，就像聖子是他無盡的「話語」。

　　我們可以透過分析自己的思想，和在思想行動中的明顯細分，來理解聖父、聖子和聖靈的關係，因為我們每個人都是偉大的宇宙第一原理縮圖中的一個完美複印 —— 生命。

　　聖靈是聖父和聖子共同的統治力量，執行出創造性的計畫，是生命的個性，是上帝的個性。祂既不是生命的所有，也不是基督的全部，而是一種做具體工作的放射或者呼吸。因此，在某種意義上，祂可以說是呈現出人格的特徵，一種在其能力上超越了知識分子概念的人格。

　　在經文中，聖靈被描述為一種個性，而且並非總是以統一

的程度存在於人類的意識中。意識的使命是為聖靈打開門，以便於其進入人類的頭腦中。

功能

聖靈或者真理之靈的功能，暗示了不同個體的存在。祂說話、探索、揭露、譴責、證實、領導、安慰、分配給每一個人。

聖靈是運行的上帝法則；在其運行中，作為擁有個體性而出現。

人的正常狀態是一種內在的交流。聖靈的使命就是帶領所有的男人和女人，進入這種內在的交流中。那些被意識局限性掩埋的人，必須找到通向光亮閃耀之地的方式。聖靈的使命是指引人，以便於他將不會認錯路並闖入許多欺騙性的黑暗小路中。

聖靈在今天，就像在過去一樣走向人，用不同的方式告訴他們，如何克服已經進化出的或透過聯想而陷入的錯誤意識狀態。這需要比單純的智力更高、更有遠見的引導，而引導已經被聖靈提供。

聖靈是耶穌的門徒和追隨者，在得到耶穌基督的福音方面，取得絕對成功的必要因素。我們在所有的工作中，都向祂尋求力量和指引，他們宣稱祂是被耶穌承諾的特殊禮物，一種可以被那些信仰祂的人，在其名下給予的捐贈。

提供攤開雙手，他們把聖靈轉變成了對他人的力量，那些得到祂的人將會宣傳、教導、預言和治癒。

有效

聖靈就在當今世界，帶著偉大的力量和智慧，準備好傾灑那些所有向祂尋求指引的人。聖靈是在耶穌基督福音下的權威，祂是被耶穌認可的唯一權威，任何想從別的角度尋求福音的人，都只是在字面上，而不是在聖靈裡。

耶穌把祂的話送給這個宇宙性的容納機構的堅守中，即真理的聖靈，其使命就是把這些話語，傳輸給那些在天國裡接受基督之人的理解中。

聖靈把祂的話送給《新約》作者，他們將這些話語寫出來供知識分子理解。這並不意味著聖靈的使命就此結束 —— 即給出這個資訊後，祂便從這個世界消失。相反，這僅僅是那更多、更多理解性教誨的主要步伐的開端，聖靈準備好去傳授給每一個靈魂。

靈魂需要指引，聖父為我們提供了一種得到它的美好途徑，這途徑就是耶穌基督的路。任何追隨著以福音為步伐的人，最終都會抵達耶穌到達的相同地方。

語言的缺陷

每個人都有一個需要拯救的靈魂，不是來自於死後假設的地獄，而是來自於認為地獄到處都是的意識妄想和罪惡。有一種實現救贖的方式，把這種方式顯示給每個人，這是聖靈的使命。

這啟示開始於我們從福音的文字中轉過來，並尋求聖靈的時刻，解開福音的第一步，就是要知道《聖經》的每一個單詞和句子，都揭示了一種聖靈的真理。聖靈的真理無法被那些把正確概念攜帶到腦中的語言解釋，因為語言無法無限地擴展，描述和例證充斥其間。聖靈無法在智力的層面被理解和領悟，因為在那裡，人類的語言遭遇氣流。聖靈是全能上帝的屬靈，人類只有透過聖靈的本質才可以理解。當他試著把聖靈之事帶到事情的層面上時，他總是會落空。

所以那些試圖品讀祂或者從人為的教導中，來了解聖靈的人，都以失敗告終。聖靈不單向那些真誠尋找祂的人開啟，如果你依賴著一些書本或者教義或者一些教師或者領袖，來尋求聖靈的啟蒙，你就無法期待聖靈向你靠攏。只有在高處房間的靈魂禱告，才能帶來聖靈。

翻譯者

耶穌基督的教義與聖靈，如此緊密地連繫在一起，以至於它們是無法分開的。聖靈是基督的翻譯者，基督是被解釋的

事情。它們是無所不在的，在聖靈或者工作中無法被分離，因此，宣傳耶穌基督的福音，就是準備好向聖靈進發，並願意帶所有的男人和女人進入這天國。

長期以來，當人類已經被勸服去相信上帝作為他們靈魂的救世主，而且堅信這個直到他們遠離其肉體時，就設想這些需求得到了滿足；然後，教義發揮作用，相信者被接納到上帝的懷裡。不過聖靈並未贊成這種設想，《聖經》的記載也沒有。

打開門

耶穌為所有信靠祂的人，打開了與聖父合一的大門，幾乎每一個人都認為耶穌是上帝唯一的兒子。耶穌想要在力量、統治和榮耀裡的伴侶，那可能證明給這個世界，是他所宣稱的他與上帝的關係是真實的。

耶穌基督的福音，是所有人類都將成為上帝的化身。這不光是一種正確存在的福音，也表明了獲得與拿撒勒的耶穌相等，或者超越他的統治和力量。若我們有一種落後的意識，若我們相信祂擁有更大的智慧、力量或者愛，我們的要求將無法被滿足。一旦我們感覺到在聖父中的自己，和在聖父中的耶穌有任何區別，我們就缺失了那種「心靈，在耶穌基督中的心靈。」

吶喊四起：「把人放在耶穌基督身邊，並宣傳他們是平等

的，這是愚蠢且褻瀆的行為。」在他們目前的意識中，這宣言不是說人類和耶穌是平等的，而是說他們必須與耶穌平等，才能擺脫現在徘徊其中的迷幻感。

健康是正常的

我們知道健康是人的一種正常狀態，而且對其真正的生命而言是一種真實的狀態。我們宣傳真理恰好遭遇相反的一種狀況，我們已經多次被經驗證明，重複我們的話語，以這種方式揭示健康是生命中潛在的東西。

如果人是上帝之子，那他必須現在就是其子。兒子的關係必須像上帝透過祂的話語揭示的，是真實的、無所不在的東西以及健康。除了宣稱的方式，人類如何把這種關係顯露給自己和他人？他宣告說他不是人之子而是上帝之子，並且上帝的聖靈寓於其身上，同時正在透過他閃耀光芒，這些方式幫他達到了目的。

你的話語是使你的信念顯現的力量，簡單地相信或者贊同這個命題的真理，將永遠無法讓任何人理解。心靈的活動必然存在，在新的意識狀態在你這裡占據住所時，心靈的有機改變是非常有必要的。

假使你說服自己是上帝之子，你接下來的一步就是用語言宣告它，並在你日常生活的行為中表現出來。宣告完畢後，如

果你無法證明自己就是上帝之子，你就應該找出原因。也許你忽略了一些聖靈的力量，也可能揮霍了聖父賜予你的那些能量。

使命

在此是聖靈的使命，當你在沉寂的聖靈中，被要求展示為什麼你沒有顯現那種拿撒勒的耶穌已經顯現的力量時，聖靈將會以某些方式向你表露這種缺失。至於那揭露是如何來臨的，沒有人能告訴你答案。要是你有耐心和信心，你將會被引導和指教，以便在你生命鏈條中的所有連接，都將被聚集而且協調，那麼上帝之子將會在你身上顯現。

洗禮

在新生中，有兩種心態持續地運行著。第一個來自淨化或者否認的狀態，在其間所有的思想都被刪去，這包含對所犯之罪的饒恕，以及對整體意識的總淨化，其理念重新回歸到純潔、自然的聖靈意識中。施洗約翰就是這種心態的典型代表，他是從曠野出來的自然之子，他的使命就是為後人修直道路。在第一種受洗中，透過話語的力量，人的感知被從意識中擦除，而且心靈被潔淨，以便於為第二次受洗做好準備。

第二次受洗

把罪惡從意識中放逐（透過否認，再加上饒恕的洗禮）的過程，與接下來的更深層工作密切相關；其程度之深，以至於很多觀察家認為它們是相同的。因此約翰的追隨者，當他們看到他的工作，並詢問他是否是彌賽亞時，他的回答是，追隨他的人將會在聖靈中受洗。

在第二種洗禮中，神之證明的創造性法則被頭腦驅動，在人的生命中心點燃它的火焰，因此這種燃燒把肉體和靈魂抬高到一種純潔的程度，這就是新生的過程。

從這裡，我們可以看出心靈的淨化和頭腦有序的改革，是為了要追尋更大和更多的永恆意識做準備的。這就是自我或者

個性的否定。我們都會對沒有專注於個人的目標而感到後悔，其總是狹隘和自私的。一旦這些出口以及對這正確的唯一占領，就不再為更高層次的自己，神的基督，騰出空間。

聖靈

聖靈的洗禮是反映在心靈和身體中，一個加速聖靈本性的過程。聖靈的洗禮是有力量的，是可證明的，是積極的。聖靈的傾瀉而出就是第二次洗禮。對於那些目不轉睛地尋找第一位神的天國，和祂的公平正義之人而言，這是最珍貴的禮物。

被記錄的「這就是上帝之子」是新生的過程中第一重要的事情。人類對上帝之子的認知，以及在心靈中建立的關於聖父和其子的新關係，對這個過程而言都是必須的。如果我們沒有證實與兒子的關係，帶著這些特權和力量，我們肯定會貶低自己，而且製造出那些阻礙我們進入上帝豐盈的局限性。

約翰

在形而上學方面的解釋，約翰在每個人中都象徵了自然而然的人，總是帶著光輝的智力。他的臉朝向光明，以便於能意識到並在個體中對更高境界的自我表示尊敬。約翰用水受洗，所有的人都相信耶穌很快就會顯現。這是一個淨化、潔淨的過程，為個體聖靈地看待自己和審視自己做準備。

透過培養，聖靈的頭腦變成了意識中的一個積極因素。在其變成一個人意識生活的一部分之前，它已經被渴望和追尋。自然意識的心靈正在期待、尋找和真誠地渴望，一種更大的聖靈意識。他知道他沒有滿足人類的耶穌理念。對處於新生過程的人來說，願意放棄自然人而轉向神性是最吉利的標誌。許多人滿懷信心地欺騙上帝，為了這樣做，又不願意放棄當前的自己。這種頭腦不具備私人的雄心壯志，他對上帝的號召完全是無辜、鍾情並順從的。

熱忱

永遠不要忽略自己的靈魂，要想聖靈般地成長，你應該以聖靈的方式運用熱忱。身為上帝之子，我們的位置恰好在聖父的右手中。當人類真正意識到這一點時，他便把自己放在聖靈的洗禮中。他很快意識到對聖靈的順從，增加了控制自身思想的力量，而且這樣使得他的世界達到神的標準。

當人類順從聖靈時，他將不會承受重擔。要相信聖靈，他必須透過經驗了解其指導。而對那些尚未了解聖靈指導的人而言，有必要明白那種經歷。人類是聖靈，而且在他可以與宇宙的聖靈交流之前，他必須找到自己。

實質性

我們受到實質性信念的壓力。思想成就事情，那些正在擠壓我們的實質性思想，就恰恰在頭腦的範圍中是堅固的，就像物質性的事情在頭腦領域中的堅固性。任何事物都具有在思想上的根源，而物質性的思想將帶來物質性的東西。因此，你應該用聖靈的話語，完全徹底地清洗、潔淨自己。當話語洗禮的力量傾瀉而出，它便淨化了所有物質性的思想。無能的狀態被新的生活激發，而且整個的超前意識被覺醒和加速。

人類沒有運用其聖靈本質的力量，因為他對其性格以及與其存在的最初心靈關係缺乏了解。從神聖心靈中，人繼承了超越他心靈的力量，即在真理和力量中超過了所有的理念。在人體認到他對思想和情感的天生控制力之前，必須先有來自高處的甦醒。聖靈的洗禮是聖靈本質的提升，被反應在智力和肉體中。當一個人理解了生命的科學時，他便準備著接受這個洗禮，並沿著更深層的思想路線利用它。對於那些耶穌基督期待祂的追隨者，在人類的偉大領域中去做的事情，力量是必要的東西。人類應該把這些話語的力量，運用在個人的贖罪中，而且應該把這些救贖性的聖靈話語，講給眾多他自己的靈魂和肉體的人們聽。

卓越的智慧

人具有超越智力知識的認識能力。幾乎每個人都在某些時間接觸過這種隱藏的智慧，而且已經或多或少地為啟示感到驚訝。毫無疑問，發現我們自己在毫無準備和深思熟慮的情況下，就放棄有邏輯的思想和話語，這是相當嚇人的經歷，因為我們幾乎總是透過一種推理的過程而得到結論。然而，因為這推理的過程如此迅速，以至於我們很可能認為它是真正的激勵，特別是當我們接受了其他智者的反思提升或聖靈的洗禮時。智力的加速領先於理念的覺醒，和基督的理解智力上的照明。一些真理的學生對他們透過頭腦接收的啟示變得如此迷戀，以至於他們無法走進一個人「用聖靈和火」洗禮的展現之中。

理性的理解

對真理的理性理解，就像在第一次洗禮中那樣，是在感官意識前進中偉大的一步。它的財產帶來了為自私的結果而使用的誘惑，智慧和力量因而被揭露。當耶穌接受洗禮時，他「被聖靈引到曠野，接受魔鬼的試探」（個人自我），然後才能夠獲得神子意識的下一個階段。

耶穌知道個人的啟發無法履行法則，祂拒絕了每一個試著用祂的理解來達到自私目的的誘惑，除非門徒非常溫順，祂將

會發現人類為了滿足個人使用聖靈力量的需要，而強烈地堅守這個論據。瑪門之神對接受聖靈洗禮的人出價很高，許多都賣光了，他們的結局卻是塵土和灰燼，因為一個人不能侍奉兩個主人。

聖靈的聲音

當我們發現自身有一股似乎獨立地發源於理論進程中的思想時，我們經常會對其起源和它作為嚮導的安全性感到疑惑。在起初，這看起來似乎奇怪的知識源泉，經常轉變為一種白日夢，再次，它似乎成了一種遙遠的距離，一種我們已經聽說和遺忘的共鳴之物，一個人應該注意到，人身上這種不尋常的聖靈的輕聲耳語。它不是智力，也並非起源於頭蓋骨。它是人的一種發展，擁有更大的容量去理解自己和理解創造的目的性。

當人類把自己完整地交給上帝的時候，在頭腦和心靈方面的理解都已經開啟，都受到了聖靈的洗禮。人首先接收到了一種他傳達到自己心靈的真理理解，在那裡愛被喚醒。上帝告訴他，愛是人最強大的力量。

如果你活在自身思想的才能中，如果你相信生和死，那麼你必須走出那種信念。你沒有運用正確的統治力，而是固守於錯誤的信念。當思考的才能變得順從，而且就像被指導的那樣，那它總會被嘉獎。

你的地盤

　　你是聖靈，上帝之子，而且你的地盤就在聖父的右手中。要意識到這個，就要接受聖靈的洗禮，之後你不再勞作，而是開始彙集心靈的力量，這種彙集力量的過程，是一種有序的過程。

　　存在著一種永恆的、全能的唯一，透過自身思想和話語的力量，把自己放置在這種存在的意識中，逐漸地，你將會向一個永遠沒有設想到的起因世界敞開心扉。

✝ 洗禮

贖罪

我們知道耶穌為我們而死 —— 作為一種對我們所犯之罪的救贖。透過人的意識，這種信念已經體現為一種肉與血的過程，在其間十字架上身體的死亡扮演了重要的角色。據此看來，感知的意識把我們引向墮落。那聖靈的事情被辨別出來，似乎已經逃脫了形成這種救贖計畫的通知。教誨的根源是真理。

拿撒勒的耶穌在為每一個人打通進入聖父天國之路的進程中，發揮了重要的作用。然而，那路並沒有提供給祂在十字架上的死亡，而是透過祂克服了死亡。

要理解這種救贖，需要比一般男人和女人對創造過程有更深入的了解，不是因為他們缺乏理解能力，而是因為他們已經把思想的力量，浸入了一種更粗俗的地步。因此，只有那些從純粹心靈的立腳點研究生命的人，才可以理解這種救贖，以及耶穌在世界形成之前，為人類進入榮耀所發揮的作用。

戰勝

耶穌一定是前一個時間週期的產物，而且在之前，他已經與聖父實現了完美的結合。一定比例的人理解並對耶穌作為他們真正的救世主有信心，有部分人已經從欲望、激情、嫉妒、偏見和所有的自私中獲得解放，他們體會到了作為結果的心靈

和肉體的所有。

這種認知以及日常克服實踐的最終結果，將會是證明永生 —— 把所有的人、聖靈、靈魂和肉體，提高到耶穌的聖父的唯一意識中。這確實是真正的榮耀，透過耶穌在上帝和人類之間重新建立的和解、榮耀和此刻，我們可以再一次得到最初的遺產，就像上帝之子此刻在這裡的土地上。

聖潔化

當我們在上帝中發現了自己的存在，我們便不再需要等同於世界；我們的興趣在聖靈之事上。透過對內在的美好和與其統一的強烈意識，我們開始變得如此地沉浸於美好事物中，以至於我們在邪惡的東西面前牢不可破。這樣，我們便發現聖潔化的教義是立足於真理之上的。我們有意識地變得好起來，我們所做的一切事情也都跟著變得好起來，這對我們而言是有可能的。

我們要把自己奉獻給基督，而且持之以恆地對每一種才能，傳送純粹和無私的話語，以便於證明它。

對神的一體性認識，是我們可以獲得的最高層次之物，這是真正的榮耀，以及整個生命融入神聖心靈中的過程。

當一個靈魂與上帝的心靈真正地融合時，聖靈總會傾瀉而出。這是聖父真正的榮耀以及認可，以至於聖子被真正提升。

在上帝眼裡，意志這東西意味著即刻、完結、完美、完

整、靜止和棲息。一種健康的意識帶進了意念中,即對神的法則已經作用於思想和行動的認知,然後當人類保留其存在於內心的耶穌時,他便脫離了亞當或者進入耶穌意識中的黑暗意識,這種與上帝的合一帶來了無法被奪走的一種持久喜樂。

耶穌的意識

耶穌遠非只是一名拿撒勒人,也絕非僅僅是一位曾經生活在地球上的人。祂遠遠超出了一個人的範疇,正如我們對每天使用的名稱所理解的那樣,他以一種對大多數人而言都陌生的因素進入了人中,此因素便是耶穌的意識。

這種被耶穌展露的意識使得上帝具體化,因為耶穌是被個體化了的上帝之心,任何在上帝面前失去個性的人,都將成為耶穌基督或者上帝的人。

我們無法把上帝與耶穌基督分離,或者在祂身上辨別,人類在哪裡離開以及上帝從哪裡開始。要說耶穌基督就像我們這樣的人是不對的,因為祂已經擺脫了那些我們用來區分男人和女人的個人意識。祂是一個具有絕對原則的生命,祂的意識無法脫離那生命,因此是那生命包含了所有的意圖和目的。祂得到的東西沒有我們每個人期待得多。

所有的這些,都透過耶穌意識的客觀化來實現,它是無所不在的,而且準備好就像透過耶穌一樣,透過我們來顯現它自己。

成就

　　每個時代的精神智者都洞察到這項原則，他們還不知道如何把它客觀化，並且確立意識的持久地位。耶穌完成了這件事，而且祂的方法值得我們學習，因為，據我們所知，這是目前為止唯一成功的方法。它被記載在《新約》中，凡採取拿撒勒人耶穌的經歷所體現的純潔、愛和力量生活的人，都會獲得他應獲得的東西。

　　採取這個途徑就是耶穌實現它的途徑，祂證實自己是上帝之子。要獲得基督意識，我們需要明確地承認自己此時此地是上帝之子，無論表面上是否相反。我們知道自己是上帝之子——那麼我們為什麼不證實這點，並且進而獲得來自上帝的權力呢？那是耶穌在面對繁雜的狀況時所做的，今日這些狀況不會像在耶穌那個時代中那樣遲鈍地物質化。他們熟知思考的過程，以及如何在肉體和事物中顯現腦中的理念，因此他們在最有利的狀況下，著手處理這些聖靈意識的問題。

　　它要像一道數學題一樣，被準確無誤地解出來，因為它處在不會變更的法則之下。這些因素都在我們的掌控下，而且在一種顯著情況下被證明的實例就在我們眼前。一天又一天，如果遵循著這種規則和行為來處理所有的工作，那麼我們肯定能像耶穌那樣，完全地把基督放在身上。

非個人的

我們應該感到慶幸，上帝不是個人的尊敬者，真理無法從一個凡人傳給另一個人。上帝是祂的孩子們心中特殊的、私人的父親，他們無法從別的地方獲得真理。

耶穌基督明確地表明祂意識中的聖父，祂指明了這一點，相信並保存著祂的箴言，追隨著祂。透過吸取祂的方法，你會發現一些祂在聖父身上發現的東西。

✝ 贖罪

變形

轉變之前總是先有思想的改變。我們的信仰必須從物質、肉體提升到精神。但首先我們需要認識到自己有可能變形,並了解變形發生的規律。

那些把聖經當成歷史書來看的人,是永遠無法理解變形的,耶穌的變形總被當成一個歷史事件,而其寓言的意義被忽略。

要得到關於變形的真解,我們必須把耶穌在山上的經歷,視為一種經常發生在那些生長在聖靈意識中之人身上典型的東西。

證據

我們每天都有證據證明,思想的力量可以改變面容。我們知道一個人在一定程度上,有可能被那些時刻掠過他腦中的思想而變形,不過我們不知道他變形的容量是無極限的,抑或是它在耶穌的意識和身體中所扮演的部分角色。

存在的真實目標,是帶來完美的人以及獲得永恆的生命,永恆的生命必須要獲得。一般設想是人沒有死,而且這是真正的「我是」,可是意識和靈魂又如何呢?「有罪的靈魂會死亡」是聖經的證言,這只遵循著永恆生命的原則而生存。

意識

聖靈永恆地存在於神心中，我們已經意識到了這一點，這意識是靈魂和靈魂有形的部分。神心讓我們有機會將祂的屬性融入我們的靈魂或意識中，這些賜予是聖靈的生命、愛、智慧、力量、權利，事實上是所有美好的本質，我們首先在心中對這些產生意識，然後在肉體和事情上認知到它們。這樣上帝就給予了我們一種聖靈的完美性，讓我們可以在意識中顯現並且保留。這就是祂的兒子或者基督。

耶穌說，我們必須獲得永恆生命的意識，因為我們只有獲得了這種意識，才會有生命。在我們證明死亡、身體死亡之前，都處於短暫的存在狀態。

實現

存在的真正目標是獲得永恆生活的意識，和顯現所有由上帝賜予的潛在東西。聖靈 ——「我是」個體 —— 在人身上是永恆的，可是要有這種永恆的意識，必然要有一種形象 —— 類似人的意識。

在每個人中，聖靈的實現必然存在其間，存在生命中 —— 所有的一切都存在於宇宙中。倘若我們沒有意識到這一點，沒有把它變成自己的，那我們在實質上將回歸宇宙。耶穌是對這種聖靈實現獲得的偉大引路人。如果我們沒有進入他踩踏過的

路徑，以及他在許多比喻、例證和經歷中已經指出來的東西，那麼我們將會錯過「在上面呼叫的回報」。

要是我們已經轉變為基督的生活方式，那麼人的克服或提升，就是我們所有人都正在經歷的過程。變形在靈魂的改革中發揮了作用（重要的作用），當我們看自己的經歷和耶穌的變形之間有相似之處時，我們會獲得前進的信心。

三種美德

在我們研究和運用基督徒的生活時，我們都會擁有自己被聖靈提升的時機，這樣的時機以一種聖靈熱誠的形式為象徵，被我們或者他人對真理的陳述帶來 —— 即禱告、讚美和話語、歌曲、冥想 —— 即任何提高心中聖靈範圍的真理陳述。耶穌被彼得（Saint Peter）、雅各（James, brother of Jesus）和約翰（信念、判斷和愛）所提升。無論什麼時候，我們都要試著居留在這些美德中，並試著無愧於它們，它們便在意識中被高舉，緊接著它們與我們一道住在變形的高山上。你也許並非總是能意識到這一點，你可能認為提高只是一時的，但是它緊貼著你的靈魂和肉體，而且在整個人的上升趨勢中，象徵著新理念的生長。

當你感覺到聖靈巨大的抬升時，你對於這些時機的態度如何？你給予它們應有的重視了嗎？或者當你再一次來到山谷中時，你有沒有呻吟、質疑或者想知道，為什麼沒有在你的抬升中運用，為什麼這些似乎從腦中垮塌了呢？

必要的統一

就在這裡，我們必須變得明智，並且要理解人身上更高層次原則的連繫，以及它們在靈魂和肉體上的救贖行動。不要忽略整個人都必須被聖靈化的事實，一些人習慣走向變形高山的聖靈中，而且他們發現它如此迷人，以至於他們拒絕再一次下降到山谷中。然後靈魂和肉體被留下來自生自滅，跟著便發生了分離。這樣的人持久地居住在高處，忽略了聖靈、肉體和靈魂必要的統一。在基督徒的身上出現了許多幻想，因為他們對理念的法則和顯現缺乏理解。所有的事情、所有的行動、所有的原則，都朝向上帝、人和宇宙統一的方向努力，不過必須要重新調整和淨化整個事情。

假使存在著一些事情，無論心靈的或者肉體的，沒有達到聖靈的高度，它們必然死亡。耶穌在山上講述了要追隨的死亡，這死亡是本質和生命物質的視角，被反映在人的肉體中。這必將滅亡，事物和物質性的身體有局限性的概念一定會被轉變，以便於真正聖靈身體的出現。

拯救

一些人教導靈魂的救治和肉體的死亡，耶穌教導靈魂和肉體以及共同救治，凡人的身體必須被轉變。它是真實的、聖靈的肉體象徵或者圖片，即是「上帝的身體」。「上帝的身體」是聖

靈的身體，是完美人體的神聖觀念。當一個人意識到這個新身體時，當前身體的細胞將會形成一種意識的新層面，它們將會圍繞新的中心聚集，「上帝的身體」將會消失。

當一個身體被繁重的勞動、損耗或者關鍵力量和任何損失折磨時，它的形狀會迅速萎縮，而且很明顯的是，統一於這種生命的一種意識將會顯露。當心靈適應神的法則時，所有的關鍵力量和諧地流淌，而且氛圍就像一道美麗的白光一樣閃爍，進而阻擋了外部所有的不合，以及在內部持續地自我淨化。

真正的禱告帶來了一種力量提升的輻射，當其被保留在心中時，真理的話語以一束光的形式噴薄而出，照耀著，上升著，讚美著。

✝ 變形

執行

　　耶穌基督是人類發展週期的產物，其先於我們目前的發展週期。我們熱衷於思索關於祂靈魂表露的歷史，以及關於祂為什麼距離我們的時間如此遙遠的真實原因。

　　當種族的靈魂開始涉足感官的歡愉，並且搜尋耶和華以外的引導時，整個人類家庭的漸進式重生便開始，直到人類處在一種糟糕的狀態中。無論如何，有些事情必須以某種方式去做，我們不得不離開感官思想的蒙昧中。耶穌基督已經提供了今天，這最偉大的動力促進人類的發展。

　　關於祂偉大真理的科學性理解，帶著聖靈獲得的渴望，帶著對聖靈實現的期待，啟動了靈魂。許多人驕傲地確認了祂並宣稱祂的承諾。

　　當祂在地球上時，透過祂對我們今天只有一種隱約暗示的聖靈法則的掌握，祂展現了不少外表上的奇蹟。想想那些狀態，其間身體已經死了四天！假設耶穌感謝上帝，祂的懇請得到應答，接著對長時間躺在祂墓前的人，講述了生命的話語。然後設想這個人持續地被充盈著新生命，設想偉大的生命溪水，流過他的每一個細胞和纖維，直到他走出墓地，恢復到完美的健康狀態。設想耶穌在完美的意識中與上帝合一，對許多人「瀕臨死亡的病人」說出治癒的話語，緊接著每個人都擺脫了疾病變得安然無恙。

提高

　　要提高人類的意識思想，耶穌被靈魂渴望與人緊密連繫的必要性，催促著祂尋求幫助，因此化身到人類中，並且是「凡事受過試探，與我們一樣，只是祂沒有犯罪」祂揭示說我們都是同一個父的孩子，祂是長兄，我們的援助者，我們是祂的人，而且祂對我們的進程感興趣。

　　耶穌宣告：「我是世界的光。」、「你們是世界的光。」當他這樣講的時候，他言及的是給予所有創造物生命和智慧的內在之光。

　　聖靈之光的發展是我們所有人的命運，我們不能被滿足，直到「在祂的類似物中醒來。」在一定程度上，我們都因這聖靈的光芒而容光煥發，尤其是那些對聖靈和其普遍性有一定理解的人。我們感覺到了這光，而且有時候當我們從一種新真理的理念中獲得聖靈上的提升時，我們會在意識上看到它照進了解釋中。一些人感到了它的影響，並被它移動到一個更高層次的事情上，或者如果它憂傷地照耀著，那麼他們就會被帶入沮喪和失望中。

滲入

　　透過耶穌在十字架上的經歷，在那裡他的寶血流出，透過祂的遭遇，祂將自己的意識降低到了人類的意識，從而為整個

人類輸入了血液，並向人類的靈魂和肉體傳授了生命的財產，其將使人類恢復神的資產。這樣，我們走上了通往實現和耶穌基督的路！

耶穌基督把其血液的電子傳輸到人類的思想氛圍中，而且將被所有相信他的人領悟。這些電子在那些感激祂的人身體中，變成了力量的中心。這樣，人類逐漸地轉變和更新他們的肉體和血液。這就是被耶穌基督拯救的生命真正的聖靈意義。這鮮血是生命，耶穌真正開始往整個人類家庭中帶入了一個更大的生命意識。

生命是一種普遍的、甚至可以驅動血液中的細胞能量，因此生命比血液更有力，所以我們相信它就是透過「流出」逐漸擺脫，是耶穌完成祂偉大作品的肉、血和理念。祂陷入了神之生命的大水庫中，而且提高了祂對聖父的生命意識。

上帝的晚餐

聖餐是神透過祂完美的理念 —— 耶穌與人類所立的約。這個契約是透過耶穌擘餅、祝杯而完成的。這麵包象徵了聖靈的物質或者肉體，透過證明並意識到我們與唯一的神，聖靈無所不在的生命，我們飲用了祂的寶血。

透過耶穌基督，我們都獲得了這永恆的生命激流，我們必需真正地享用祂的本質，就像祂所教我們的那樣；也就是，

我們必須感激祂在聖靈上是屬於我們的。我們必須飲用祂的寶血，讓祂的生命恣意流淌在我們的身心中，用每一種方式來治癒、淨化和潔淨。這就是宏大的人類生命，而且是經過耶穌基督的生命。這就是完美實現的方式。

現在

那些需要內心生命來激發振奮的人，必須相信無所不在的聖靈生命的真實性，而且要透過在禱告中援引無形的、無所不在的生命，來運用這種信念。這向意識揭示了聖靈的榮耀，而靈魂則見證了一種它不知道的力量。

在聖靈中，所有的事情現在就被完成，此刻一種觀念進入了頭腦中，設想的事情透過那掌控理念的行動法則來完成。這靈性意識充分利用了這種法則而且證明了這理念的完成，不管外在的表面如何。這就在思想的進程中激發了能量，並且給予它超出想像的力量。

我是行動

靈魂在意識中碰觸了聖父的心靈，並且力爭去完成神的法則，這將帶來真理話語的力量，去承擔它能力的淨化過程。這種為了承受更多的成果而進行的堅持已經被證實，當我們的信念依靠於外部的事情而非聖靈時，它便停止從唯一的生命源

泉，即神的原則中吸取活力或者生命力。

　　通往今生的唯一之門就是「我是」。這種持之以恆是一種透過對自身信念的重複證實和信任，在我們內心深處有意識的思想集聚。這種日復一日的重複證實，最終開啟了與生命深處的沉默力量進行智慧交流的管道；思想和話語在此地流淌，同時它完全是一種發端於人身上的新力量之源。

　　當思想或者來自至高意識的「我是」的真理「話語」，變成一種心中持久的真理時，我們便不再需要外在形式上的努力。

安息日

　　我們在思想和行為上，都履行了神聖法則的意識就是安息日，它與我們每週的任何工作都無關。上帝沒有製造日子和星期，也沒有透過時間的元素，混淆祂關於真理的清晰概念。時間是人的一種發明。

　　真正的安息日是心靈的一種狀態，在其間我們擺脫外在的思想和行動，讓自己去默想或者研究聖靈的事情。它是我們進入自己內在意識的靜止中，思考上帝和祂的法則，並且和祂交談。它是一種當人進入自己靈魂的沉默中、進入精神領域時，所進入或獲得的一種精神狀態。在那裡，他發現了真正的休息和寧靜，這是一個人聖靈開放的完美階段。

✝ 執行

再生

在西方世界中，一般人把再生視為一種異教徒的教義，許多人在這方面關上了門，沒有耐心去等待、尋找，在真理的光芒中它所帶來的資訊。它的目標是，闡述有關輪迴的統一教義，去展示為什麼我們認為它是合理的，去解釋它所連接的東西，以及它在基督教義中的地位。

耶穌基督的教導

耶穌基督的教導，是所有的人都應該透過祂來赦免罪，並被提升到最高境界 —— 即聖靈、靈魂和肉體。直到這種救贖被實現，才會有死亡。給人類一個機會，來充分享受救贖的好處，生命是必需品。一個肉體透過闡釋也是有必要的。當人因死亡丟失了肉體，解釋的法則便因為再生在他體內發揮作用。他充分利用產生亞當的方式來再得肉體。神的憐憫允許這個進程，以便於人有機會去進一步證明基督的生命。

新生

生和死必須讓道給新生和永恆的生命，再生的必然性因此與那些所有其他凡人的更替一道消亡。當人類利用這種救贖時，再造耶穌基督的生命並消除死亡時，它無處安置。

新生不應該被給予過分的重視，它僅僅是一種遵從著真實復活的短暫補救措施。全能的人 —— 聖靈，靈魂和肉體 —— 必須被抬升到生命和完美的基督意識中。

異教徒思想

每當有一個國家的思想家不受唯物主義的束縛時，他們就會接納再生為一種事實，只有當為財富和名譽以及世間的事情瘋狂到蒙昧了物質性的頭腦時，它才會被拒絕。

那些還沒有接納耶穌基督真理的異教徒，無法知道再生在何處，以及如何適應人類的救贖。對他們而言，這僅僅是一個固定的、不可變更的法則而已。

他們相信因果報應，即過去的生活中所累積之罪的結果。他們背負因果報應的重擔多年，而且預料到還要背著它數年，直到他們從中脫離。這就使得他們成了一種盲目宿命論的受害者，就像一個疲倦的踏車旅行者從生到死，從死到生。

在耶穌基督的教義中，不存在如此令人絕望的信條，其帶來了滿滿的豐盈生命、對罪的完全饒恕和救贖、超越死亡和墳墓的勝利意識，這樣便從任何情況和任何因果報應的信念中，解放人類去實現新生。

異教徒將再生視為人類發展的自然演化步驟之一。我們教導說，我們的教義透過意識的教導被保留，即再生是自然的統一力

量，其作用是將人類恢復到最初的不死狀態。人類由於無視生命法則，為靈魂和身體帶來了死亡。從一個嬰兒的出生到一個老人的死亡，這之間的空隙並不能構成一個人一生所有的機會。

連續

只有當生命被一個完美的肉體闡釋時，它才是一種持續的並與存在的完整性相協調的過程；因此為了得到一種堅定的生命意思，就必須擁有肉體。透過活著的重複嘗試，人類發現他必須學會去控制生命的議題。神的法則，就像上帝所教導的，必須在生命的所有細節中得以理解和運用，而且當完成這些時，伊甸園就會恢復。

自然人在再生方面的異議，很大程度來源於這個事實，即他生活在個人的意識中，同時無法以宇宙的全域來看待事情。他認為透過再生，自己就失去了個性，可是個性是持久的，個人的意識並非是持久的。個人的心靈是不死的，而他卻死亡了，這些對於每一個願意放棄對個人意識重要性和現實性信仰的人而言，都是很清晰的。

釋放

所有的個人 —— 即他的局限性，他的關聯性 —— 必須向宇宙，即耶穌讓步。放棄或者捨棄一切事情的權利，都在我們自己

手上 —— 為了基督，我們有權利放棄一切。透過這樣做，我們逐漸意識到永恆的生命，並且收到的要比我們捨棄的多一百倍。

如果我們拒絕並固守陳舊的家庭關係，那就只能迎接我們選擇的結果，並且透過死亡來放棄所有的這些連繫。這只是一個為了所有以及永恆生命的獲得，而放棄一些部分的問題，他無法與新的關聯相抗衡。跳出那些東西進入到宇宙中，是每個人必須願意做的，死亡和再生無法給予救贖，再生僅僅作為獲得救贖的一種更深層次的機會。

聯合

聖靈純粹的、不朽的本質，是由基督透過真實、純粹、心靈的思想和話語，轉化為有機體的力量所建構的，使身體不朽且永恆。因為頭腦從錯誤到正確轉變著，這樣的變化也在身體中相應地發生，而這些變化的最終結果，是各個部分的完美和完整。因此，那些試著保留永恆生命的人，已經堅定了他們對承諾的信念，即他們將會從墳墓中被解救出來。

知道了聖靈、靈魂和肉體對所有人而言都是必須的，而且除了他們意識的聯合和解釋，他無法被稱之為真正的活著，知道相信死亡是開啟更高層次的生命，即天堂的大門是錯誤的，這些都是顯而易見的。在死亡中沒有進程，死亡是一種否定，關於永恆生命的證明，只能在生命中證明 —— 即靈魂和肉體一起致力於解決困難，而且一起被提升。

凡人的心靈

關於死亡進程的理念，在凡人的心靈中有其根源，其理論來源於它自己的局限性，而非來源於絕對的真理。凡人的心靈渴望去永恆地保存個人意識以及所有的私人連繫。因此，人嘗試著去造一個天堂或者精神世界，在那裡所有舊有的家庭關係，正如他們目前所擁有的生活中存在著。他以一種值得更好目標的堅韌，堅守著這種信念，只有在歷經艱難的考驗後，他才願意放棄個人的信念。永恆的生命無法在個人的意識中證明，耶穌基督的大家庭，救贖的亞當族類，都是一體的，而且亞當的自私關係，讓人在新的秩序中無立足之地。

不合邏輯的信念

關於人類命運的另一個不合邏輯的信念是，族長和先知以及所有其他活著的人，都已經躺在墳墓裡，其中一些已經躺了數千年，在人類的前進運動中沒有地位。

另外一種展開在聖經或者以理論的形式，表明先前居住的他們，現如今既不在永恆的天堂裡，也不在一種無盡頭的苦惱中。這是遠遠不合邏輯的，去相信這是一個整體而且其所有的成員都如個體一樣一起成長和發展。我們發現這樣的想法是唯一合理的，即每一個女人和男人都重複地來到那臺階，與其種族和經歷保持連繫。

成長

　　凡人的意識無法把自己從愚昧和罪惡中打撈出來，因此這唯一的重複出生也不能推動人類向前進。只有這些一代又一代的聖靈後裔，當人們已經能夠接受它時，才會推動所有的進步。因為人類的成長已經使其變得可能，新的真理被辨別出而且新的分配也來到。一旦時機成熟，耶穌便會降臨，並帶來從死亡中得到救贖的好消息。祂的話語必須在將近兩千年的種族意識中發揮作用，在任何人能夠有效率地、清醒並迅速地相信絕對的救贖，並且努力去接納它。承諾是話語的酵母，最終會發酵整個人類的家庭，所有人都會遇見生命的光芒。

　　從宇宙的觀點來看，為爭取一種聖靈發展的機會而發揮作用的目的，再生是很正常的。所有的這些，都可以在一個人生命歷程的聖靈成長中獲得，會變成人類的真實個體的一部分。如果他信心十足，最終會收集到聖靈的力量和智慧的彙集，這些都可以透過基督對其身體的救贖來證明。但是再生是唯一的機會。

復活

　　如果出生和再生都不是讓死去的人恢復在種族中地位的方法，那什麼才是與神的法則相一致的東西呢？復活。

　　無論他們是否依然行走在地球上，或者已經停止了呼吸並

且已經掩埋，所有的一切都在一種死亡的狀態中，以及所有的一切都必須從愚昧和罪惡的墳墓中拯救出來。就在此刻，復活的工作正在進行中。女人和男人正覺悟到一種新的生命意識，源於理解和身體上的完美性。這種復活的工作必需擴展到亞當族類的每一個人，無論他是我們所謂的活著的人，還是耶穌所說的死人，或是睡著了的人。所有的一切都必須覺醒，並且統一在靈魂和肉體中。

許多今天關於復活的信念，來自於過去幾個世紀的愚昧，而且毫無疑問，已經被接受。它們似乎是一種關於每個聖靈文章的字面上的翻譯。在那裡，就像在所有的聖經中，我們必須返回字母，並看看語言和那些用來教授關於死亡的上升真理的象徵。當在這裡時，我們發現自己踏上了覺醒和救贖的道路，這些是我們曾經設想某一天來埋葬人的地方。當這種上升的、救贖的進程在我們身上足夠深入時，我們可能會成為喚醒和復活其他被埋葬之人的方式。

階段

每個人都開始於他離開的地方，當再生時，他有機會想到耶穌基督，把自己劃歸為耶穌基督的族內，而且透過自己無死亡的生活來證明。我們必須記得在這種進程中的步驟和階段，當我們理解這些時，我們應該看到人類將會被提升到亞當族類的位置，然後脫離亞當進入基督。

✝ 再生

每一個將要證明他在基督中生長的人，都必須先在生命中保留信念和證明，毫不動搖，那使得他脫離罪、汙染和死亡，進入生命的永恆，然後生命的話語繼續執行，日復一日，在那身心中的再生、救贖性的工作。每一天都會有一些舊有的局限性或者錯誤丟失了其掌控，進而消亡；而那些不朽的、不敗的真理本質，將會在意識中變得更加牢固。肉體以這種方式被轉變，和在榮譽、不朽的、永生中被提升。

允許我們的心靈停留在關於聖靈是如何在我們身上產生作用，無利可圖的狀態。我們應該使自己處在一種積極的生命思想中，意識到我們的生命在自己和他人身上越來越多的顯現。當我們意識到自己的信念對種族的重要性時，我們應該感到高興，為真誠地面對那些穿越死亡和墳墓，都不復存在的時間真理。

記憶

不記得自己過去的生活，這並不能說明什麼，你也不需要記得自己的出生日期，因為你並不在意關於出生的事實問題。相對而言，關於你現在的生活被記住得更少。但是那並不會改變你曾經生活過的事實。對自然人來說，記憶是大腦的物理紀錄，具有照相或留聲的特徵。在嬰兒的新大腦結構中，過去生活經歷的記憶並不能被清晰地記錄下來。這樣的記憶經常是一種模糊的印象。他的身分認同感是模糊的。

　　在生命的書中，宇宙的偉大心靈，所有的個體都被銳利地標記。當一個人開始覺醒並從個人的意識上升到宇宙的意識中時，他將會填補個人經歷中的空缺。他將會走向自己，意識到他作為上帝之子的聖靈個體，他既不會把自己拋進現在，也不會攪入過去的人格中，而是會宣稱並證明他是上帝之子。他將不會再把自己局限於一種簡單的生命縫隙中，隨著出生開始並隨著死亡結束，而是將會生活在永恆的生命意識中，那既無開始也無結束。

✝ 再生

金色雪花

† 看啊，上帝創造了何等傑作！

† 一個理想的人，一個強大的人。

† 一個至高無上的人，一個不斷思考的人。

† 必須證明上帝的傑作。

† 艱難困苦頻繁闖入我們的生活，只因為我們不懂得和諧思考的法則。

† 一切的經濟、社會和私人方面的麻煩，都可以追溯至自私。

† 那些試著透過意志的力量和抑制來建立自我控制的人，永遠無法得到永恆的結果。

† 時間是對經歷過的事情的測量。

† 在家中建立和諧的唯一途徑，就是先在個體建立和諧。

† 任何人都沒有命令別人做事情的權利。

† 所有事故的起因，皆在於感官的意識。要想從所有的事故中脫身，我們必須提升意識，以便於它在聖靈上變得積極並向基督靠攏。然後我們吸引的就只是美好的事物。

† 身上最大的分裂因素就是抵制。

† 我們要記得如果栽培它、打造它，並使其法則成為我們生活的關鍵部分，那麼我們將會非常接近那總會帶給我們

金色雪花

歡樂和成功的心靈王國，而不是向環境和外部的事情點頭哈腰。

+ 人只是表面上的二元性，只有當他了解自己時，他才是一個有機體。

+ 那些認為上帝將使人做某件事情的信念不可能是真的，如果是這樣的話，人將不會是一個自由的有機體。

+ 上帝已經選擇我們中每一個人，作為闡釋祂自己的媒介。

+ 有些時候，為了我們自己的精神利益和上帝的榮耀，將事情隱藏起來，並像瑪麗一樣，在我們的心中沉思它們，直到適當的時候表達出來。

+ 基督徒的信仰是永恆生命的科學。

+ 人類存在於星球意識的偉大目標，就是依據神的理念打造身體。

+ 我們的意識才是我們真正的環境。

+ 上帝的嫉妒不同於人類定義的嫉妒，而是嫉妒原則，無法容忍它的丟失。

+ 我們必須要吸收的東西是聖靈的法則。

+ 精神之美是上帝的美好，通過人的眼睛在祂的創造物中看到。

+ 原因和結果是宇宙平衡的車輪。婚姻應該是永恆的愛之盛宴，我們只有遵循愛的法則才可以抵達這樣的境地。

✝ 沒有努力尋求聖靈意識的人是無法得到它的。

✝ 一個人在可以接納整個宇宙之前，必須放棄對個人的依戀。

✝ 一個願望只是一種膚淺渴望的闡釋，轉瞬即逝。

✝ 新基督教並非與現代科學抗爭，而是歡迎其發現，認為這證明了耶穌堅持不懈教導的天國確實存在。

✝ 任何壓制意志力的體制，在根本上都是錯誤的。

✝ 靈魂是發展的，它必須向前，必須遭遇並克服自身的局限性。

✝ 青春的活潑和喜樂，應該隨著歲月的流逝而熱情地培養。

✝ 表面上的失敗，通常是抵達更高境界之物的墊腳石。

✝ 透過天氣或者環境或者旅行或者任何外在的改變，對焦躁的狀態扭轉都無濟於事。人只有透過在上帝身上尋找其核心，才能夠撫平焦躁和不滿。

✝ 為了實現真理並證明它，你必須與其同在。

✝ 每一種不利的狀況，都可以被視為一種動力，催促一個人更加努力，並最終實現潛意識中潛伏的某種理想。

✝ 每一個成就某事的人，都會先審查他腦中所期望的東西。

✝ 你現在所理解的東西，並不是你的能力在任何方向上的極限。

電子書購買

爽讀 APP

國家圖書館出版品預行編目資料

與上帝對話，查爾斯·菲爾莫爾的靈性之作：
客觀存在的基督教 × 聖靈法則 × 審判和公正，
在靜謐中尋找啟示，查爾斯談生命的動力 / [美]
查爾斯·菲爾莫爾（Charles Fillmore）著，
孔繁秋 譯 . -- 第一版 . -- 臺北市：崧燁文化事業
有限公司 , 2024.01
面； 公分
POD 版
譯自：Dynamics for Living
ISBN 978-626-357-948-4(平裝)
1.CST: 基督教 2.CST: 信仰 3.CST: 靈修
244.9 112022714

與上帝對話，查爾斯·菲爾莫爾的靈性之作：客觀存在的基督教 × 聖靈法則 × 審判和公正，在靜謐中尋找啟示，查爾斯談生命的動力

臉書

作 者：[美] 查爾斯·菲爾莫爾（Charles Fillmore）
翻 譯：孔繁秋
發 行 人：黃振庭
出 版 者：崧燁文化事業有限公司
發 行 者：崧燁文化事業有限公司
E - m a i l：sonbookservice@gmail.com
粉 絲 頁：https://www.facebook.com/sonbookss/
網 址：https://sonbook.net/
地 址：台北市中正區重慶南路一段六十一號八樓 815 室
Rm. 815, 8F., No.61, Sec. 1, Chongqing S. Rd., Zhongzheng Dist., Taipei City 100, Taiwan
電 話：(02) 2370-3310 傳 真：(02) 2388-1990
印 刷：京峯數位服務有限公司
律師顧問：廣華律師事務所 張珮琦律師

-版權聲明

定 價：375 元
發行日期：2024 年 01 月第一版
◎本書以 POD 印製
Design Assets from Freepik.com